中共宁夏回族自治区委党校
宁夏回族自治区行政学院 编著
宁夏回族自治区统计局

宁夏区情数据手册
NINGXIA QUQING SHUJU SHOUCE
2019~2020

黄河出版传媒集团
阳光出版社

图书在版编目（CIP）数据

宁夏区情数据手册.2019～2020 / 中共宁夏回族自治区委员会党校,宁夏回族自治区行政学院,宁夏回族自治区统计局编著.--银川：阳光出版社,2020.8
　　ISBN 978-7-5525-5389-5

　　Ⅰ.①宁… Ⅱ.①中… ②宁… ③宁… Ⅲ.①宁夏-概况-2019-2020-手册 Ⅳ.①K294.3-62

中国版本图书馆CIP数据核字（2020）第126498号

宁夏区情数据手册 2019~2020	中共宁夏回族自治区委党校 宁夏回族自治区行政学院　编著 宁夏回族自治区统计局

责任编辑　马　晖
封面设计　梅治中
责任印制　岳建宁

出版发行

出 版 人　薛文斌
地　　址　宁夏银川市北京东路139号出版大厦（750001）
网　　址　http：//www.ygchbs.com
网上书店　http：//shop129132959.taobao.com
电子信箱　yangguangchubanshe@163.com
邮购电话　0951-5014139
经　　销　全国新华书店
印刷装订　宁夏报业传媒集团印刷有限公司
印刷委托书号　　（宁）0017944

开　　本　880mm×1230mm　1/32
印　　张　6.5
字　　数　190千字
版　　次　2020年8月第1版
印　　次　2020年8月第1次印刷
书　　号　ISBN 978-7-5525-5389-5
定　　价　35.00元

版权所有　翻印必究

《宁夏区情数据手册2019~2020》编辑委员会

编委会主任　蒋文龄　徐秀梅

编　　委　张继业　王学平　李广东　金　涛

主　　编　张继业

副 主 编　王学平　李广东　金　涛(常务)

编写组成员　金　涛　孟德玉　王　霞　丁端琴
　　　　　　　焦　霙　马　睿　聂文静　同养鹏
　　　　　　　唐星敏　吴向华　李建平　姚冬梅

目录 Contents

综述篇

2019年宁夏国民经济和社会发展情况综述 ·················003

统计图篇

一、全国主要统计数据展示

2012~2019年全国国内生产总值 ·····················017

2012~2019年国家外汇储备余额 ·····················017

2012~2019年全国粮食产量 ·······················018

2012~2019年国家财政收入 ·······················018

2012~2019年全国城镇居民人均可支配收入 ···············019

2012~2019年全国农村居民人均可支配收入* ···············019

2012~2019年全国实际使用外商直接投资 ················020

2012~2019年全国粗钢产量 ·······················020

2012~2019年全国进出口情况 ······················021

2012~2019年全国医院、卫生机构床位数 ················021

2012~2019年全国获得世界冠军个数 ··················022

2012~2019年全国固定电话、移动电话情况 ···············022

2012~2019年全国客货运输量 ······················023

2012~2019年全国文博事业机构数 ···················023

001

二、宁夏主要统计数据展示

2012~2019年宁夏地区生产总值及增长速度 ················024

2012~2019年宁夏人均地区生产总值 ····················024

2012~2019年宁夏地区生产总值构成 ····················025

2012~2019年宁夏地方财政收入与支出 ··················025

2012~2019年宁夏城乡居民人均可支配收入 ··············026

2012~2019年宁夏城镇化率 ····························026

2012~2019年宁夏粮食产量 ····························027

2012~2019年宁夏公路通车里程 ························027

2012~2019年宁夏工业增加值 ··························028

2012~2019年宁夏客货周转量 ··························028

2014~2019年宁夏快递业务量及其增长速度 ··············029

2014~2019年宁夏互联网宽带接入用户数和移动互联网用户数
··029

2012~2019年宁夏各类学校在校学生数 ··················030

2012~2019年宁夏进出口总额 ··························031

2012~2019年宁夏卫生机构数 ··························031

基本数据篇

一、2019年全国经济社会发展现状

1.综合 ··035

　①国内生产总值　②产业结构　③物价指数

　④财政收入与税收　⑤外汇储备　⑥就业

目 录

2. 农业 ··· 036
   ①粮食、棉花、油料等种植面积　②主要农产品产量
   ③新增灌溉面积和节水面积

3. 工业 ··· 038
   ①工业增加值　②主要工业产品增长

4. 交通、邮电业 ·· 039
   ①货物运输总量及增长速度　②旅客运输总量及增长速度
   ③规模以上港口完成货物吞吐量　④汽车保有量
   ⑤邮电业务总量　⑥电信用户　⑦电话普及率
   ⑧固定互联网宽带和移动宽带用户
   ⑨软件和信息技术服务业完成软件业务总收入

5. 国内贸易 ·· 041
   ①社会消费品零售总额
   ②限额以上企业商品零售额增长　③网上零售额

6. 金融、证券和保险业 ··· 042
   ①货币供应量　②金融机构存款余额
   ③金融机构贷款余额　④证券市场交易　⑤保险市场交易

7. 旅游业 ··· 044
   ①旅游收入　②旅游人数

8. 对外经济 ·· 045
   ①对外贸易额　②主要商品出口数量、金额及其增长速度
   ③主要商品进口数量、金额及其增长速度
   ④货物进出口总额及其增长速度
   ⑤主要出口国家和地区出口货物额及其增长速度
   ⑥主要进口国家和地区进口货物额及其增长速度
   ⑦贸易形式　⑧对外直接投资、承包合同和劳务合作
   ⑨利用外资

9.固定资产投资···048
　①投资规模　　②投资产业　　③投资区域
　④行业固定资产投资(不含农户)及其增长速度
　⑤固定资产投资新增主要生产与运营能力

10.建筑业和房地产业···049
　①建筑业　　②房地产业

11.科技、教育、文化、体育、卫生·································050
　①科技投入　　②科技计划课题　　③科技机构
　④专利　　⑤技术市场
　⑥产品质量检测、认证机构及工作情况
　⑦研究生教育　　⑧普通高等教育　　⑨中等职业教育
　⑩基础教育　　⑪学前教育　　⑫特殊教育
　⑬艺术团体　　⑭图书馆、文化馆、博物馆和档案馆
　⑮广播电视　　⑯电影电视创作成果
　⑰新闻出版　　⑱医疗卫生机构
　⑲卫生技术人员　　⑳竞技体育

12.人口、人民生活和社会保障·····································054
　①人口数量　　②城乡居民收入
　③城乡居民消费支出
　④农村贫困人口　　⑤社会保障

13.资源、环境和安全生产···056
　①土地资源　　②水资源　　③能源消费
　④生态建设　　⑤自然保护区　　⑥噪声环境质量
　⑦空气环境质量　　⑧水环境质量　　⑨自然灾害
　⑩安全生产

目 录

二、宁夏概况

1. 历史 ··· 059
   ①远古居民　　②历史沿革
   ③解放时间　　④自治区成立时间

2. 地理 ··· 060
   ①位置　　②面积　　③地形与海拔
   ④气候　　⑤河流与湖泊

3. 自然资源 ··· 062
   ①水资源　　②耕地面积　　③园地、牧草地
   ④森林资源　　⑤矿产资源

4. 人口 ··· 064
   ①人口数量　　②人口自然增长情况　　③人口结构

5. 行政区划 ··· 065
   ①市、县(区)数　　②乡、镇、街道办事处　　③居委会、村委会

三、2019年宁夏经济发展现状

1. 综合 ··· 067
   ①地区生产总值　　②产业结构
   ③物价指数　　④财政收支

2. 农业 ··· 068
   ①增加值　　②粮食、油料、蔬菜种植面积
   ③主要农产品产量

3. 工业 ··· 069
   ①增加值　　②主要工业产品增幅
   ③工业经济效益

005

4. 交通、运输、邮电业 ···070
　　①货物运输量　　　　②旅客运输量
　　③通车里程　　　　　④邮电业务总量
　　⑤电信基础设施建设　⑥电信用户

5. 国内贸易 ···072
　　①社会消费品零售总额

6. 金融、证券、保险业 ···072
　　①金融机构本外币存款余额　②金融机构人民币存款余额
　　③金融机构本外币贷款余额　④金融机构人民币贷款余额
　　⑤证券机构及证券市场交易　⑥保险业

7. 建筑业 ···074
　　①完成总产值　　　　②实现增加值
　　③企业资质　　　　　④房屋建筑施工面积
　　⑤房屋竣工面积

8. 房地产业 ···074
　　①房地产开发投资　　②房屋施工面积
　　③房屋竣工面积　　　④商品房销售面积
　　⑤商品房销售额

9. 旅游业* ···075
　　①旅游人数　　　　　②旅游收入
　　③旅游景区　　　　　④旅游企业

10. 对外经济 ···076
　　①对外贸易　　　　　②经营主体进出口额及增幅
　　③主要进出口地区及进出口额　④利用外资

11. 固定资产投资 ··077
　　①投资规模　　②投资产业　　③投资行业

目 录

四、2019年宁夏社会发展现状

1. 科学技术 ·· 079
   ①科研机构　②科技成果　③专利成果

2. 教育 ·· 080
   ①各级各类学校及规模　②党校教育

3. 文化与体育 ·· 081
   ①文化建设　②电视电话
   ③新闻出版　④体育

4. 卫生和社会服务 ·· 082
   ①卫生机构　②医院床位
   ③卫生技术人员　④主要健康指标
   ⑤医疗服务　⑥社会服务

5. 人民生活 ·· 083
   ①城乡居民收入支出　②脱贫富民
   ③城镇化建设　④农村人居环境

6. 社会保障 ·· 085
   ①就业　②养老保险

7. 资源、环境与生态 ·· 085
   ①资源与能耗　②环境与生态

8. 安全生产 ·· 086

9. 党风廉政建设 ·· 087

10. 司法与检察 ··· 087
    ①法院执法　②检察院执法

五、2020年全国和西部12省市(区)经济社会发展预期目标

1. 2020年全国经济社会发展预期目标 ……………………………088
2. 2020年西部12省市(区)经济社会发展预期目标 ……………089

专题数据篇

一、辉煌七十载　奋进新时代
——新中国成立70周年宁夏经济社会发展成就展示

1. 综合实力实现历史性跨越 ………………………… 097
2. 经济结构实现历史性转变 ………………………… 098
3. 供给能力实现历史性提升 ………………………… 100
4. 三大需求实现历史性突破 ………………………… 101
5. 基础设施实现历史性飞跃 ………………………… 103
6. 人民生活实现历史性改善 ………………………… 104
7. 社会事业实现历史性进步 ………………………… 106

二、2019年宁夏脱贫攻坚报告

(一)宁夏脱贫攻坚现状分析 ………………………… 108
(二)宁夏脱贫攻坚主要模式、经验 ………………… 113
(三)宁夏脱贫攻坚的路径及建议 …………………… 120

比较数据篇

一、宁夏与其他省区市比较

2019年各地区生产总值比较 ……………………………125

目 录

2019年各地区第一产业增加值比较 …………………… 127
2019年各地区第二产业增加值比较 …………………… 129
2019年各地区第三产业增加值比较 …………………… 131
2019年各地区公共财政预算收入比较 ………………… 133
2019年各地区公共财政预算支出比较 ………………… 135
2019年各地区三次产业所占比重比较 ………………… 137
2019年各地区规模以上工业增加值增长速度比较 …… 141
2019年各地区固定资产投资增长速度比较 …………… 143
2019年各地区社会消费品零售总额增长速度比较 …… 145
2019年各地区城镇常住居民人均可支配收入比较 …… 147
2019年各地区农村常住居民人均可支配收入比较 …… 149
2019年各地区进出口总额比较 ………………………… 151
2019年各地区房地产开发投资额比较 ………………… 153
部分地区各级财政安排疫情防控资金情况比较 ……… 155
2019年部分地区城市和农村低保标准比较 …………… 157
2020年各地区省级重点项目数据比较 ………………… 158
2019年各地区农业产业龙头企业营业收入比较 ……… 160
2019年各地区农业产业龙头企业税后利润比较 ……… 162
全国抗疫医疗队简称及人数 …………………………… 164
26个省区市扫黑除恶专项斗争开展以来战果汇总 …… 166
2019年部分地区剩余贫困人口 ………………………… 169
2020年28个省份5G基站采购需求量 ………………… 169

二、宁夏各市、县(区)比较

各市、县(区)生产总值 ………………………………… 170
各市、县(区)第一产业增加值 ………………………… 172

各市、县(区)第二产业增加值 …………………………… 174

各市、县(区)第三产业增加值 …………………………… 176

各市、县(区)规模以上工业增加值增幅 …………………… 178

各市、县(区)第三产业增加值增幅 ………………………… 180

各市、县(区)社会消费品零售总额 ………………………… 182

各市、县(区)地方一般公共预算收入 ……………………… 184

各市、县(区)一般公共预算支出 …………………………… 186

各市、县(区)规模以上工业能源消费量 …………………… 188

各市、县(区)城镇常住居民人均可支配收入 ……………… 190

各市、县(区)农村常住居民人均可支配收入 ……………… 192

后记 ……………………………………………………………… 195

综述篇

2019年宁夏国民经济和社会发展情况综述

2019年,面对国内外风险挑战明显上升的复杂局面,在自治区党委和政府的坚强领导下,全区各地各部门以习近平新时代中国特色社会主义思想为指导,认真贯彻习近平总书记视察宁夏时的重要讲话精神,全力落实党中央、国务院各项决策部署,坚持稳中求进工作总基调,坚定践行新发展理念,扎实做好"六稳"工作,以供给侧结构性改革为主线,主动对标对表高质量发展要求,统筹推进稳增长、促改革、调结构、惠民生、防风险、保稳定各项工作,全区经济运行呈现"总体平稳、稳中有进、稳中向好"的发展态势,结构调整深入推进,发展动能显著增强,质量效益稳步提升,民生福祉持续改善,为与全国同步全面建成小康社会打下了坚实基础。

一、全区经济运行的主要特点

（一）经济运行总体平稳,发展态势持续向好

经国家统计局统一核算反馈,2019年,全区实现生产总值3748.48亿元,比上年增长6.5%,比全国高0.4个百分点,经济运行保持在合理区间。其中,第一产业增加值279.93亿元,增长3.2%,比全国高0.1个百分点;第二产业增加值1584.72亿元,增长6.7%,比全国高1.0个百分点;第三产业增加值1883.83亿元,增长6.8%。全区人均地区生产总值54217元,比上年增长5.5%。

1. 着力抓好有效供给,三次产业平稳增长

农业发展保持稳定。2019年,全区围绕实施乡村振兴战略,加快"一特三高"现代农业发展,着力推动"五优四化",农业发展保持稳定。实现农林牧渔业增加值297.66亿元,比上年增长3.2%。全区经济作物、肉羊

和奶产业等农产品产量保持较高的增长态势,其中,蔬菜增长2.7%、油料增长4.5%、水果增长28.1%、羊肉增长5.1%、牛奶增长9.0%、枸杞增长0.7%、盆栽花增长2.1倍。

工业生产稳中向好。面对上半年全区工业增速回落的不利形势,全区上下积极应对,精准施策、定向调控,破解企业发展难题,工业内生动力不断增强,实现了工业经济企稳向好。2019年,全区规模以上工业增加值比上年增长7.6%,比全国高1.9个百分点,居全国第9位,西部第4位,西北第1位,工业对经济增长的贡献率为39.4%,拉动经济增长2.6个百分点。一是制造业拉动作用明显。占全区规模以上工业63.4%的制造业增加值增长9.9%,拉动规模以上工业增长6.2个百分点;采矿业下降1.4%;电力、热力、燃气及水的生产和供应业增长7.2%。二是重工业支撑作用明显。在煤化工项目投产达效等有利因素支撑下,占全区规模以上工业90.3%的重工业增加值增长9.0%,比规模以上工业增加值增速快1.4个百分点。三是重点行业带动作用增强。全区10大工业行业呈现"7增3降"态势,其中,化工行业增加值增长17.8%、机械增长17.4%、电力增长6.1%、冶金增长4.7%、建材增长4.0%、有色增长0.9%、其他行业增长12.8%。四是主要工业产品产量保持增长。在工业经济增长加快带动下,全区主要工业产品产量保持较快增长。其中,多晶硅(0.87万吨)增长84.1%、味精(29.4万吨)增长41.3%、初级形态塑料(383.8万吨)增长37.9%、单晶硅(6.12万吨)增长30.3%、化学农药原药(2.7万吨)增长12.5%、钢材(306.2万吨)增长12.7%、乳制品(130.2万吨)增长11.0%、铁合金(377.4万吨)增长5.6%、发电量(1724.3亿千瓦时)增长6.6%、原油加工量(459.6万吨)增长2.4%。五是重点工业企业贡献突出。国能宁煤、宝丰集团、银川隆基硅等骨干企业带动作用明显,全区前60户重点工业企业累计完成产值占全部工业总产值的64.0%,比上年增长6.5%,比全区平均增速高1.0个百分点。

服务业保持平稳增长。2019年,全区服务业增加值比上年增长

6.8%。分行业看,批发和零售业增加值200.85亿元,增长4.4%;交通运输、仓储和邮政业增加值178.21亿元,增长5.3%;住宿和餐饮业增加值53.72亿元,增长4.8%;金融业增加值302.01亿元,增长5.3%;房地产业增加值148.09亿元,增长0.3%;营利性服务业增加值270.26亿元,增长17.8%;非营利性服务业增加值711.49亿元,增长6.5%。

2.着力释放有效需求,投资消费持续改善

投资降幅持续收窄。2019年,全区固定资产投资(不含农户)比上年下降10.3%,降幅比上年收窄8.6个百分点。一是工业投资降幅收窄。占全区投资40.9%的工业投资下降3.9%,降幅分别比上半年、前三季度、上年收窄10.6个、8.1个和3.4个百分点。在工业投资中,制造业投资增长10.8%,其中,化学原料及化学制品制造业投资增长35.6%。二是房地产投资降幅收窄。全区房地产开发投资下降10.3%,降幅分别比前三季度、上年收窄0.1个和20.8个百分点,其中,住宅投资下降6.2%,降幅分别比前三季度、上年收窄0.3个和16.3个百分点。三是基础设施投资降幅收窄。全区基础设施投资下降11.2%,降幅分别比前三季度、上年收窄10.3个和12.3个百分点。其中,信息传输和信息技术服务投资增长5.1%;水利、环境和公共设施管理投资增长11.3%。

市场消费稳定增长。2019年,全区社会消费品零售总额比上年增长5.2%,增速比上年加快0.4个百分点,按可比口径计算(剔除增值税因素影响),增长7.8%。一是乡村消费好于城镇。全区乡村消费品零售额增长11.1%,增速快于城镇6.4个百分点。二是四大行业全部实现增长。其中,批发业增长5.7%,零售业增长4.3%,住宿业增长1.3%,餐饮业增长8.5%。三是重点行业保持增长。在限额以上18大类商品零售中,中西药品类增长24.8%,石油及其制品类增长18.9%,化妆品类增长5.6%,粮油食品类增长1.8%。

3.着力稳定市场预期,企业信心逐步增强

制造业采购经理指数逐步回升。12月份,全区制造业采购经理指数（PMI）为47.4%，比11月份回升1.6个百分点。其中，生产指数为48.6%，回升2.5个百分点；新订单指数为46.6%，回升2.9个百分点；从业人员指数为46.7%，与上月持平。

工业生产者出厂价格指数降幅收窄。12月份，全区工业生产者出厂价格（PPI）同比下降1.9%，降幅比11月份收窄1.7个百分点。

全社会用电量保持增长。2019年，全区全社会用电量1083.90亿千瓦时，比上年增长1.8%。其中，工业用电量增长1.0%，第三产业用电量增长9.9%。全区外送电量613.20亿千瓦时，增长13.5%。

(二)不断深化供给侧结构性改革，发展质量稳步提升

1. 落实"巩固、增强、提升、畅通"八字方针，"三去一降一补"取得实效

一是坚决淘汰落后产能。严控新增电解铝、铁合金等过剩产能，全年淘汰电石、建材等落后产能409万吨，整治"散乱污"企业425户。二是住宅待售面积继续减少。12月末，全区商品房待售面积957.57万平方米，控制在1000万平方米以内，商品房去库存周期为11.4个月。其中，住宅待售面积344.51万平方米，下降10.4%，住宅去库存周期从上年年末的5.2个月下降到4.7个月。三是企业负债率持续下降。2019年，全区规模以上工业企业资产负债率为61.0%，比上年同期下降1.8个百分点。四是企业成本不断下降。2019年，全区规模以上工业企业每百元营业收入中的成本为83.48元，同比下降1.27元，比全国低0.6元。五是短板领域投资保持增长。2019年，全区研究与实验发展投资增长2.4倍，租赁和商务服务业投资增长31.7%，居民和其他服务业投资增长8.0%。

2. 发展质量稳步提升，金融信贷运行平稳

企业效益不断提升。2019年，全区规模以上工业企业利润总额218.1亿元，同比增长10.0%，增速比全国高13.3个百分点。营业收入利润率为4.52%，比上年同期提高0.52个百分点。

财政收入稳定增长。据财政部门统计，2019年，全区一般公共预算

总收入747.76亿元,同口径增长6.6%。其中,地方一般公共预算收入423.55亿元,同口径增长7.2%。一般公共预算支出1438.40亿元,增长1.4%。

金融信贷运行平稳。据人民银行统计,12月末,全区金融机构人民币各项存款余额6443.43亿元,比上年增长6.9%,其中,住户存款3446.14亿元,增长11.0%;人民币各项贷款余额7216.79亿元,增长6.0%,其中,普惠小微贷款余额620.03亿元,较年初增长2.8%,普惠小微主体授信21.45万户,较年初增长29.3%。

(三)加快推进转型升级,高质量发展成效显现

1.创新发展稳步推进,动能转换取得新成效

一是加快实施创新驱动战略。推进工业对标提升"十大行动",2019年,全区工业技术改造投资比上年增长17.2%,增速比工业投资快21.1个百分点;申请专利量9275件,发明专利2525件,发明专利授权量598件。二是新兴动能加快成长。全区现代煤化工、高端装备和新兴服务业快速发展。2019年,规模以上煤化工产业增加值比上年增长30.1%,拉动规模以上工业增长2.4个百分点;规模以上装备制造业增加值增长22.2%,比制造业增速快12.3个百分点,拉动规模以上工业增长1.3个百分点。2019年,电信业务总量增长60.9%,移动互联网接入流量增长66.9%,互联网宽带接入用户增长19.4%,快递业务量增长4.7%,快递业务收入增长16.7%。

2.协调发展步伐稳健,结构调整取得新进展

一是服务业对经济增长的贡献更加突出。2019年,全区三次产业结构由上年的8.0∶42.4∶49.6调整为7.5∶42.3∶50.2,第三产业比重上升0.6个百分点,对经济增长的贡献率为51.4%,拉动经济增长3.3个百分点。二是制造业比重持续提升。全区制造业占规模以上工业的比重由上年的61.2%提高到63.4%,其中,高技术制造业比重由上年的4.1提高到4.3%。三是投资结构不断改善。制造业投资占全区工业投资的比重由

上年的53.6%提高到61.8%；六大高耗能工业投资占全区工业投资的比重由上年的66.1%下降到63.4%。四是城镇化水平继续提升。全区常住人口城镇化率达到59.80%，比上年提升0.98个百分点。

3.绿色发展深入人心，美丽宁夏建设迈出新步伐

一是能源利用方式不断优化。2019年，全区水电、风电、太阳能等可再生能源发电量306.9亿千瓦时，比上年增长5.2%，占全区工业发电量的比重达到17.8%。二是重点产品单耗保持下降。在全区19种主要工业能源产品单耗中，有14种下降，其中，单位合成氨生产综合能耗下降9.4%，机制纸及纸板综合能耗下降6.7%，吨钢综合能耗下降6.1%。三是环境质量显著改善。2019年，全区森林覆盖率达到15.2%，地级城市空气优良天数比例由上年的75.9%提高到87.9%，细颗粒物（PM2.5）浓度下降5.9%，黄河宁夏段出境断面连续两年保持Ⅱ类优水质。

4.开放发展深入推进，全面开放呈现新格局

与宁夏有贸易往来的国家和地区达到170个，银川市被国务院批准成为第四批跨境电子商务综合实验区，常态化运行中卫—中亚、石嘴山—俄罗斯等国际货运班列，对外开放迈出新步伐。一是积极开展对外合作交流。成功举办第四届中阿博览会，2019年，全区新设外商投资企业25户，实际利用外资2.51亿美元，增长17.2%；全年河东国际机场航空旅客吞吐量突破1000万人次大关。二是对外贸易保持增长。据银川海关统计，1~12月份，全区货物贸易进出口总额240.62亿元人民币，同比下降3.3%。其中，出口148.92亿元，下降17.3%；进口91.70亿元，增长33.4%。银川综保区快速增长，实现进出口93.38亿元，增长28.7%，占全区进出口总额比重38.8%，比上年同期提高9.5个百分点。三是重点产品出口较快增长。1~12月份，全区金首饰及零件出口增长1.9倍，红霉素及盐增长1.5倍，天然蜂蜜增长38.6%，赖氨酸酯及盐增长27.6%，机床及铸件增长16.5%，果蔬汁增长31.7%，四环素及盐增长15.6%，羊绒衫增长7.4%，枸杞增长10.8%。

5. 共享发展扎实推进，民生福祉得到新提升

一是居民收入持续增长。据宁夏调查总队监测调查，2019年，全区全体居民人均可支配收入24412元，比上年增长9.0%，其中，城镇常住居民人均可支配收入34328元，增长7.6%，农村常住居民人均可支配收入12858元，增长9.8%。二是居民就业保持稳定。据人力资源和社会保障部门统计，2019年，全区城镇新增就业7.8万人，完成年度目标任务的104.5%，城镇登记失业率为3.74%，低于国家和自治区控制目标，农村劳动力转移就业79.42万人。三是消费价格增势平稳。据宁夏调查总队监测，2019年，全区居民消费价格比上年上涨2.1%，涨幅比全国低0.8个百分点。12月份，居民消费价格同比上涨2.8%，涨幅比全国低1.7个百分点，其中，猪肉价格上涨86.5%、禽肉上涨18.7%、牛肉上涨15.2%、羊肉上涨11.9%、鲜菜上涨14.2%、鲜瓜果价格下降6.7%。

二、经济运行中存在的主要问题

2019年全区经济保持总体平稳、稳中有进、稳中向好的发展态势，但也要清醒地看到，我区经济正处在转型升级、动能转换的关键阶段，结构性矛盾与产业层次水平低相互交织，有效需求不足与低端供给过剩相互并存，创新能力与高质量发展要求不适应，经济下行压力大，持续健康发展的基础还需稳固。

（一）农业生产增长趋缓

2019年，受气候条件和种植结构调整以及部分畜牧业生产疫情的影响，农林牧渔业增加值较上年有所回落，全区农林牧渔业增加值比上年增长3.2%，增速比上年回落0.8个百分点。一是粮食产量有所下降。全区粮食产量夏秋同减，粮食总产量373.15万吨，比上年减少19.43万吨，下降4.9%，其中，小麦、稻谷、玉米产量为35万吨、55万吨、230万吨，分别下降16.8%、17.2%和1.8%。二是主要畜产品产量下降。受非洲猪瘟疫情影响生猪出栏下降14.1%；受市场价格不断上涨，养殖户惜售情绪影响，肉牛出栏下降3.9%，家禽出栏下降6.7%，禽蛋产量下降3.6%。

(二)工业下行压力依然较大

虽然全区工业生产保持较快增长,但受市场需求不足、企业资金紧张、工业投资下降、企业创新能力不强等因素影响,工业经济还面临一些深层次的矛盾和问题。一是部分重点行业下降。2019年,在全区10大工业行业中依然有3个行业处于下行区间,其中,煤炭行业增加值下降2.3%、医药行业下降11.5%、轻纺行业下降4.6%,3个行业占全区规模以上工业的比重为20.6%,下拉规模以上工业增加值增速0.8个百分点。二是部分企业生产经营困难。2019年,全区减产企业587户,其中,减产5000万元以上的企业131户,减少产值236.9亿元;2019年,全区规模以上工业亏损企业376户,亏损面为32.1%,比上年同期扩大1.2个百分点。三是部分工业产品产量下降。其中,原铝产量下降2.0%、原煤下降3.7%、柴油下降5.4%、工业自动调节仪表与控制系统下降25.0%、橡胶轮胎外胎下降27.6%、金属切削机床下降34.0%。

(三)投资增长动力不足

一是大项目支撑不足。2019年,全区投资建设项目3567个,比上年增长19.8%,但5000万元及以上项目1079个,下降3.7%,完成投资下降13.7%。二是民间投资降幅较大。全区民间投资下降13.6%。其中,工业民间投资下降5.7%、房地产开发民间投资下降15.5%,上述两个行业占全区民间投资的84.4%,是民间投资下降的主要因素。

(四)市场消费低速增长

一是汽车类商品零售额降幅较大。2019年,占全区限额以上商品零售额28.2%的汽车类商品零售额116.07亿元,下降9.9%,下拉限额以上商品零售额增速3.0个百分点。二是网络购物对本地消费影响较大。2019年,全区网上购买商品零售额439.8亿元,增长35.2%,网上销售商品零售额105.2亿元,增长22.5%,买进是卖出的4.2倍。受网购消费外溢影响,全区限额以上家用电器和音响器材类零售额下降23.5%,通讯器材类下降12.3%、服装、鞋帽、针纺织品类下降9.5%。

（五）第三产业部分指标增速回落

2019年,全区第三产业增加值比上年增长6.8%,增速比上年回落0.9个百分点,比上年少拉动经济增长0.2个百分点。其中,批发业商品销售额增长0.8%,增速比上年回落10.4个百分点;商品房销售面积下降1.7%,增速回落2.2个百分点;2019年,电信业务总量增长60.9%。

（六）城乡居民收入与全国差距扩大

2019年,全区全体居民人均可支配收入24412元,比全国低6321元,是全国平均水平的79.4%,差距比上年扩大493元。其中,城镇居民人均可支配收入比全国低8031元,是全国平均水平的81.0%,差距扩大675元;农村居民人均可支配收入比全国低3163元,是全国平均水平的80.3%,差距扩大254元。

三、促进经济平稳健康发展的几点建议

总的来看,2019年全区经济继续保持了总体平稳、稳中有进、稳中向好的发展态势,主要预期目标较好实现,为与全国同步全面建成小康社会奠定了坚实基础。展望2020年,国际国内经济形势依然复杂严峻,世界经济仍处在国际金融危机后的深度调整期,世界经济和贸易增长放缓。国内经济发展困难和风险较多,经济下行压力依然较大。我们要从"形"与"势"中把握大局、"危"与"机"中抢抓机遇、"供"与"需"中激发潜力,为确保完成全年预期目标任务和"十三五"规划圆满收官,建议重点做好以下几方面工作。

（一）促进农业持续增长

一是抓好粮食生产。继续调优、调高、调精种植业结构,抓好粮食作物生产和田间管理,确保粮食作物播种面积和产量同步增长。二是抓好特色产品生产。以市场需求为导向,以高质高效产业为重点,抓好蔬菜、水果、枸杞、饲草等农业经济作物的生产,提高农业的发展质量和竞争力。三是抓好畜牧业生产。要把政府调控、市场调节结合起来,恢复产能,满足需求,稳定预期,平抑物价,化解养殖户的惜售心理,积极引导养

殖户稳定和扩大养殖规模,提高科学养殖、科学防疫、科学补栏的意识,提高养殖收益,确保畜牧业持续健康发展。

(二)稳定工业发展势头

一是改造提升重点传统产业,巩固工业发展基础。加大对煤炭、化工、电力、冶金等传统优势产业的扶持力度,综合利用降成本、稳投资、保要素等政策措施,推进产业链纵向延伸和横向耦合,巩固提升对全区工业发展的带动作用。二是狠抓工业建设项目,增强工业发展后劲。在抓好项目谋划、引资落地、开工建设等工作的同时,特别注重竣工投产、企业入库等环节工作,确保建成一个,投产一个,入库一个,发挥好新增企业对工业增长的推动作用。三是培育优质市场主体,增添工业发展活力。紧盯体量大、技术强、前景好、潜力大的重点骨干企业,鼓励企业做大做优做强,发挥好骨干企业在工业发展的主力军作用。紧盯医药、轻纺、有色等有行业特色、有潜力但暂时困难的重点企业,强化政策扶持,解决企业困难,发挥潜力,释放产能,实现正常生产。四是培育壮大新兴产业,促进工业转型升级。巩固仪器仪表、电工电气、煤矿机械等高端装备制造业发展优势,积极推进电子信息制造、新能源、新材料、节能环保等战略性新兴产业加快发展,进一步提升高端装备制造和战略性新兴产业比重,加快工业转型升级步伐。五是强化运行协调,聚集发展合力。围绕全年工业经济增长目标,加大经济运行监测预警,及时发现工业经济运行中的问题,精准出台工业稳增长政策措施,稳信心,稳预期,稳生产,上下同心,齐心协力促进工业稳定增长。

(三)积极扩大有效投资

一是切实加强项目谋划储备。紧盯国家产业布局、投资方向,聚焦产业转型、科技创新、基础设施、民生保障、生态环保等领域,积极争取国家政策支持,充分发挥国家资金对项目储备的引领和撬动作用;加大项目招商引资力度,充分利用我区的产业特点,在延链、补链、强链上招商引资,围绕月度、季度、年度,构建区市县三级投资项目储备库,推动项目及时开工,形成谋划一批、储备一批、开工一批的项目梯次循环推进格局,为投资增长提供坚实的项目支撑。二是全力强化项目要素保障。完善落实重大项目协调推进机制,尤其是要围绕2020年重点建设项目,推进用地、用水、用能等投资要素向重点项目倾斜,排除项目"堵点",确保重点项目尽早开工;积极搭建向金融机构推介项目平台,加大金融机构信贷支持,为项目建设提供充分的资金保障,确保项目建设顺利推进。三是着力抓好精准有效投资。聚焦制造业高质量发展,加大传统制造业技术改造投资,加快推动实施一批非资源型产业、高新技术产业、战略性新兴产业项目;加大基础设施投资力度,加快推进京藏高速改扩建、银川都市圈等项目建设;围绕全面建成小康社会,加强民生短板领域投资,精准实施一批文化教育、医疗卫生、旧城改造建设项目,切实发挥固定资产投资在推动经济结构调整和产业转型升级进程中的支撑作用。

(四)增强服务业发展动力

服务业占全区生产总值的比重超过50%,要全面提升服务业发展水平,增强服务业对经济增长的支撑作用。一是加快推动消费升级。加快培育新能源汽车、绿色环保智能家电等消费热点,促进消费升级换代,加快5G网络基础建设和商用步伐,促进信息消费升级,推动消费市场稳步回升。二是促进现代服务业提档升级。将现代物流、现代金融、信息服务、卫生健康等产业,作为培育发展的重点,加强基础设施建设,提高运营管理水平,提升财政保障能力。三是建立健全收入稳定增长机制。实施好脱贫富民战略,合理调整收入分配,通过提高普通职工、离退休人员工资水平和建档立卡贫困人口、农民务工收入,实现居民收入的增长与经济发展同步。

统计图篇

一、全国主要统计数据展示

2012~2019年全国国内生产总值

2012~2019年国家外汇储备余额

2012~2019年全国粮食产量

单位：万吨

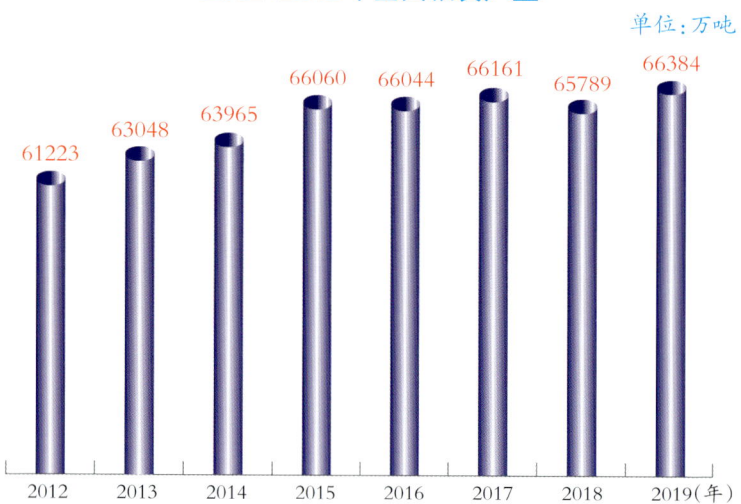

2012~2019年国家财政收入

单位：亿元

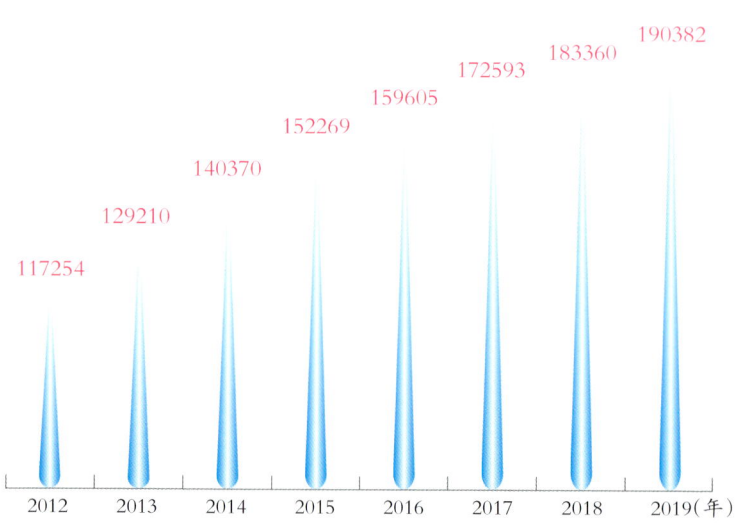

2012~2019年全国城镇居民人均可支配收入

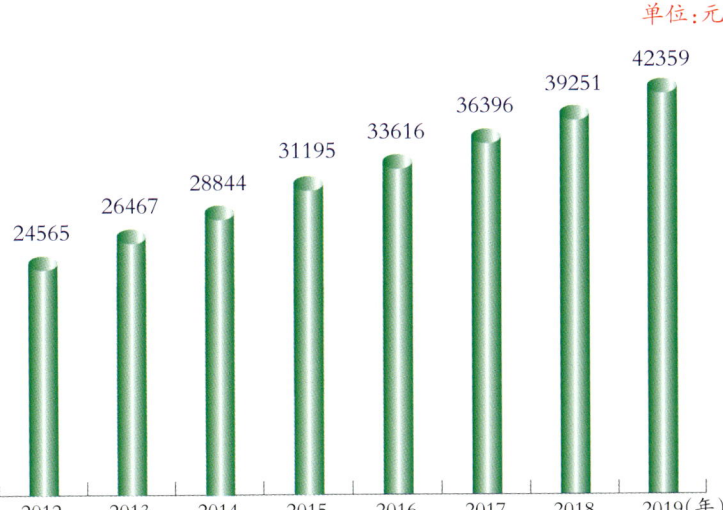

2012~2019年全国农村居民人均可支配收入*

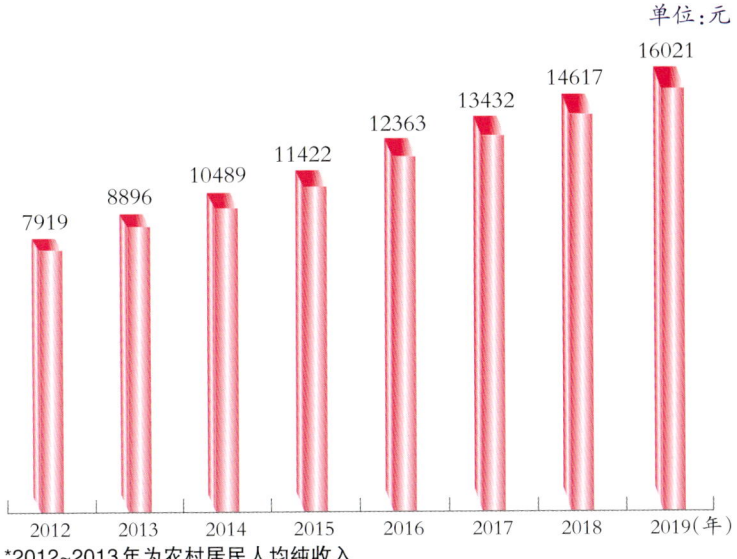

*2012~2013年为农村居民人均纯收入

2012~2019年全国实际使用外商直接投资

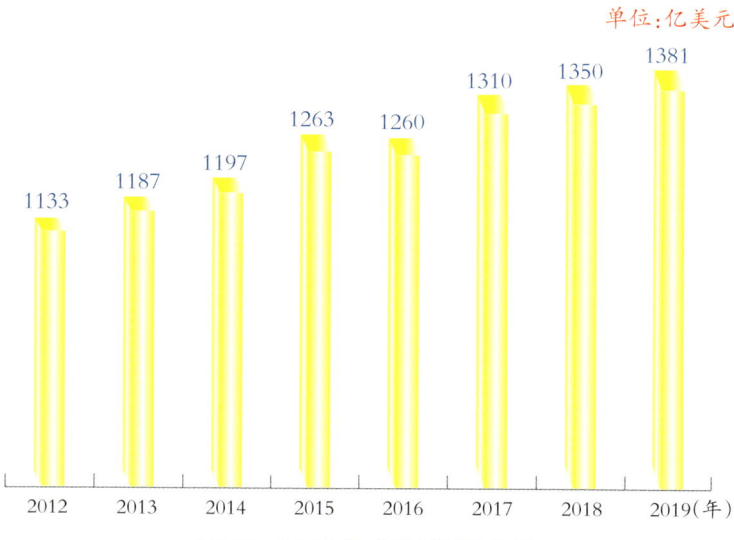

单位:亿美元

2012~2019年全国粗钢产量

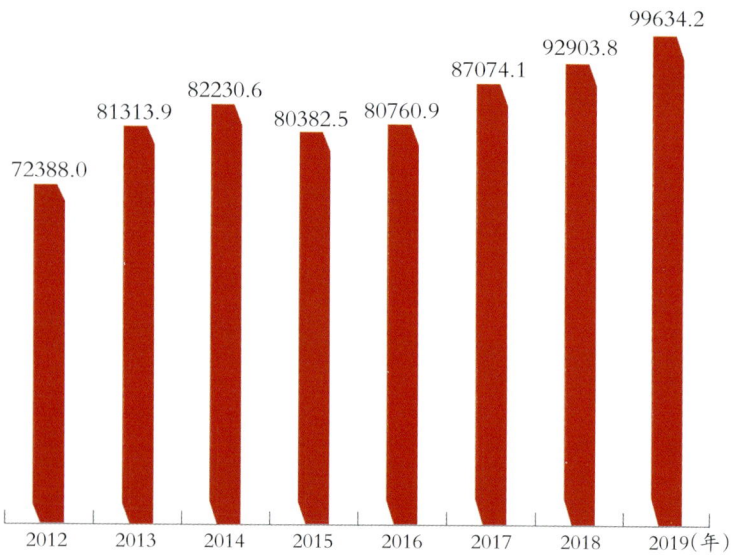

单位:万吨

统计图篇

2012~2019年全国进出口情况

单位:亿美元

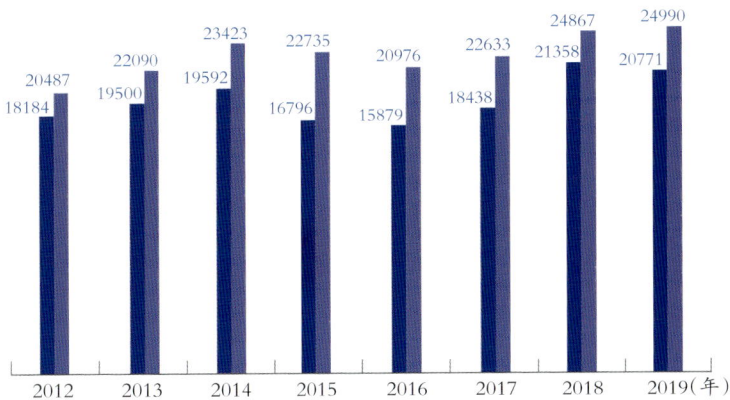

2012~2019年全国医院、卫生机构床位数

单位:万张

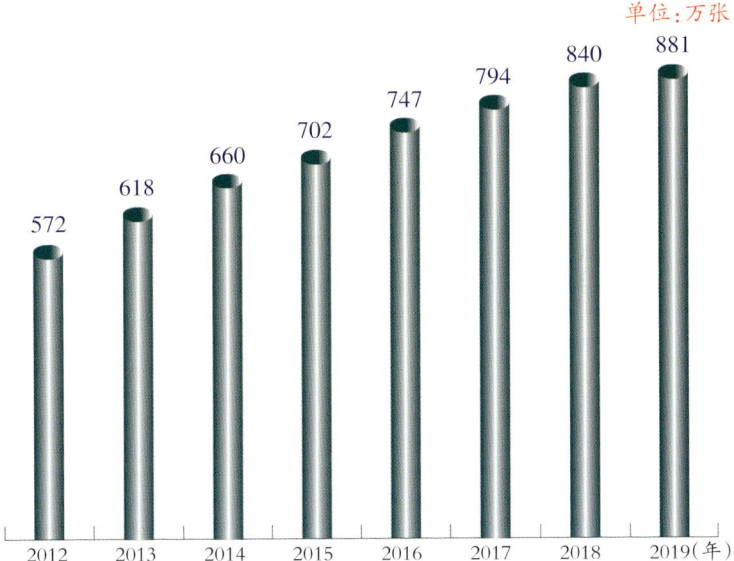

2012~2019年全国获得世界冠军个数

2012~2019年全国固定电话、移动电话情况

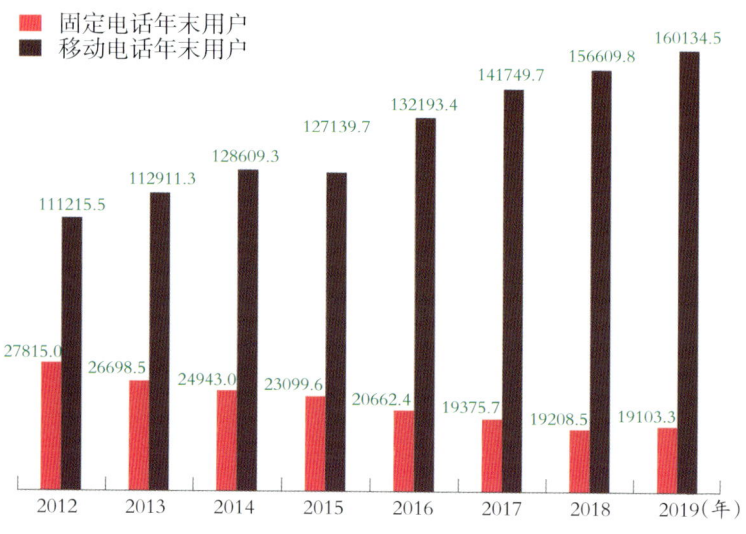

统计图篇

2012~2019年全国客货运输量

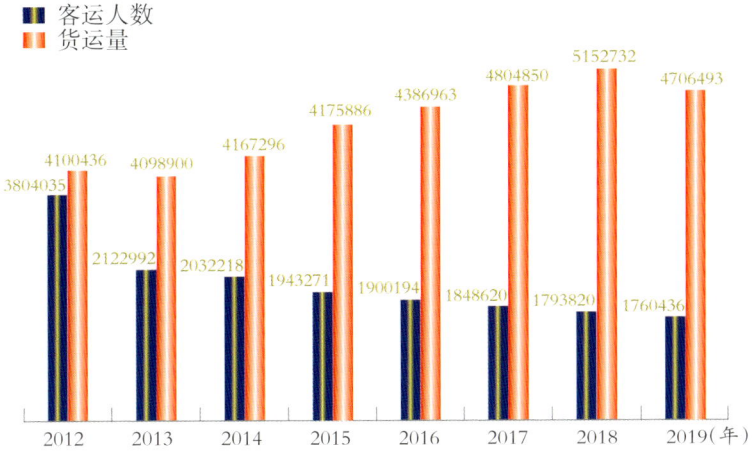

2012~2019年全国文博事业机构数

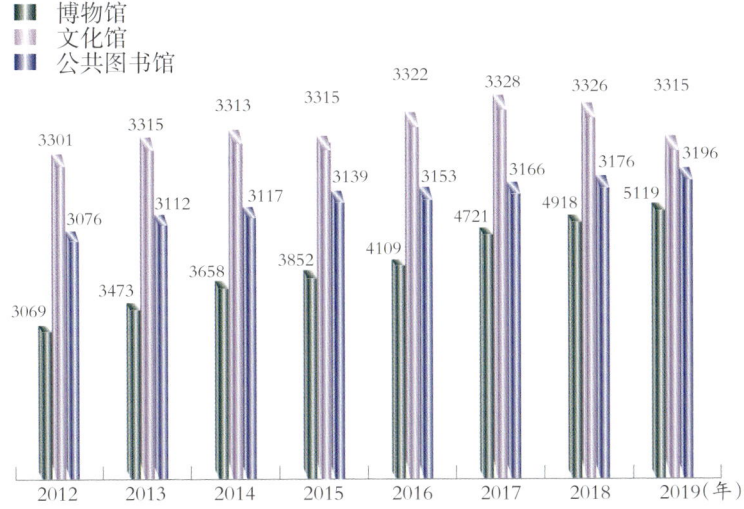

二、宁夏主要统计数据展示

2012~2019年宁夏地区生产总值及增长速度

2012~2019年宁夏人均地区生产总值

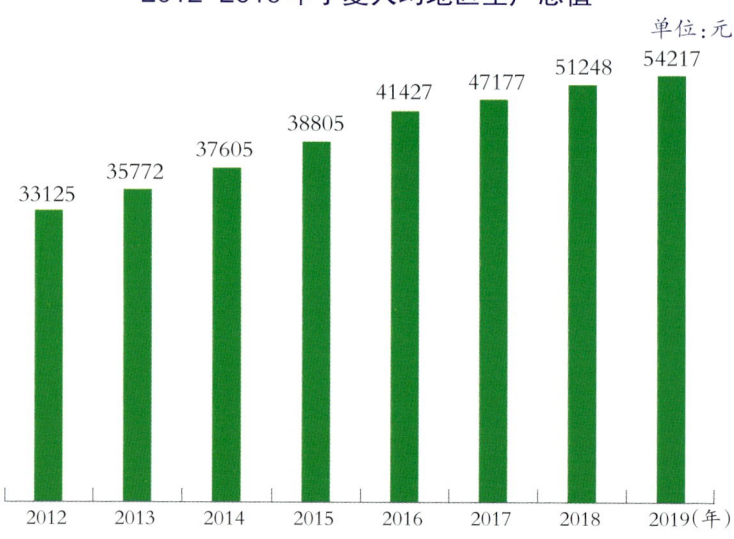

2012~2019年宁夏地区生产总值构成

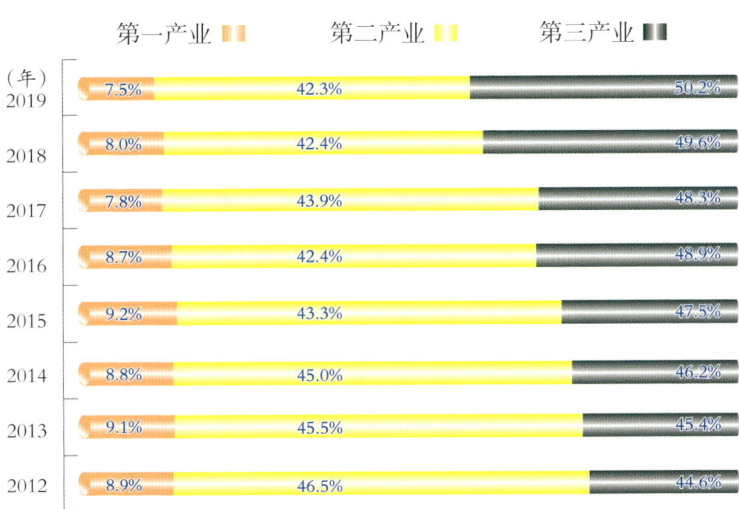

2012~2019年宁夏地方财政收入与支出

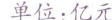

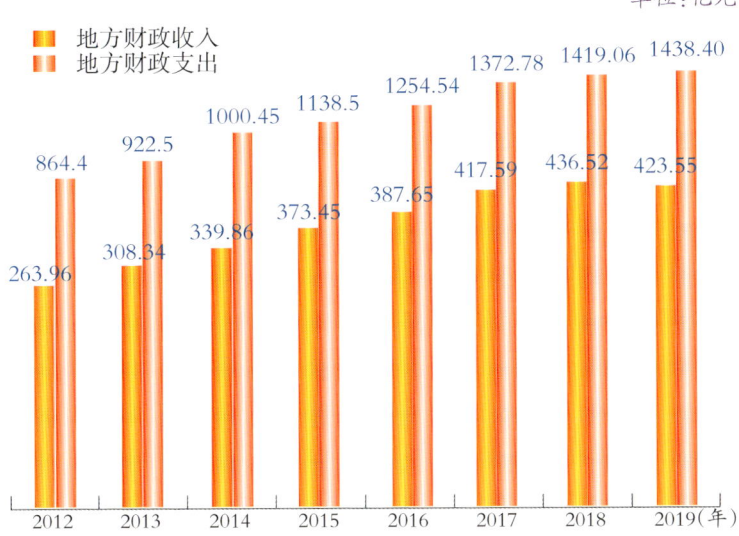

2012~2019年宁夏城乡居民人均可支配收入

2012~2019年宁夏城镇化率

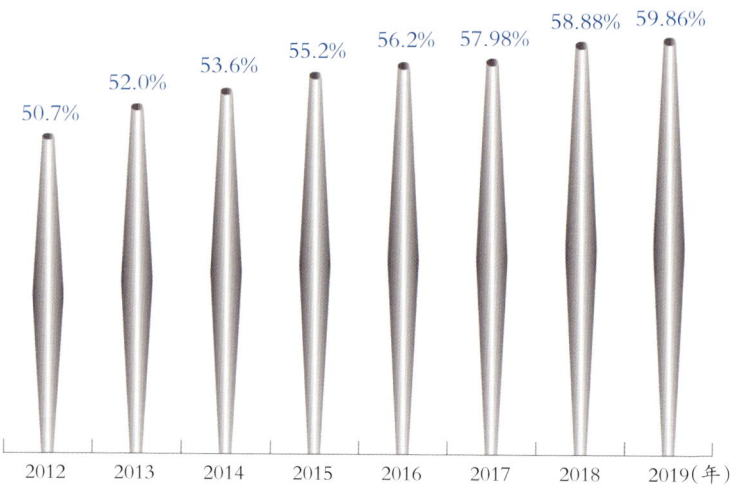

统计图篇

2012~2019年宁夏粮食产量

单位：万吨

2012~2019年宁夏公路通车里程

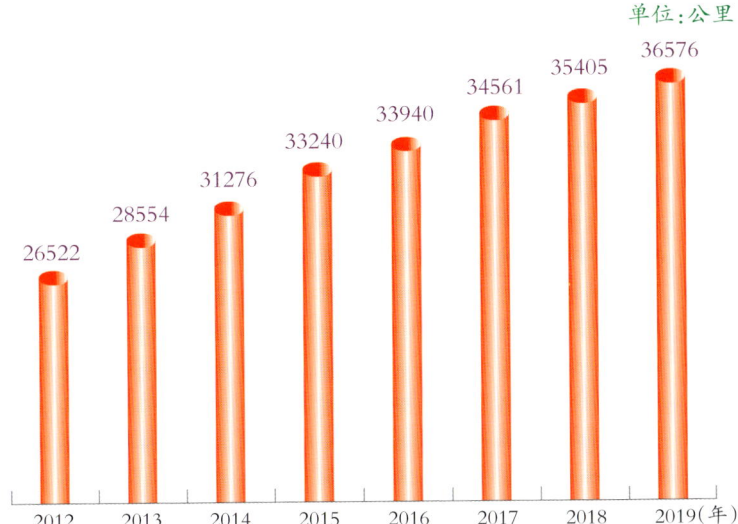

单位：公里

2012~2019年宁夏工业增加值

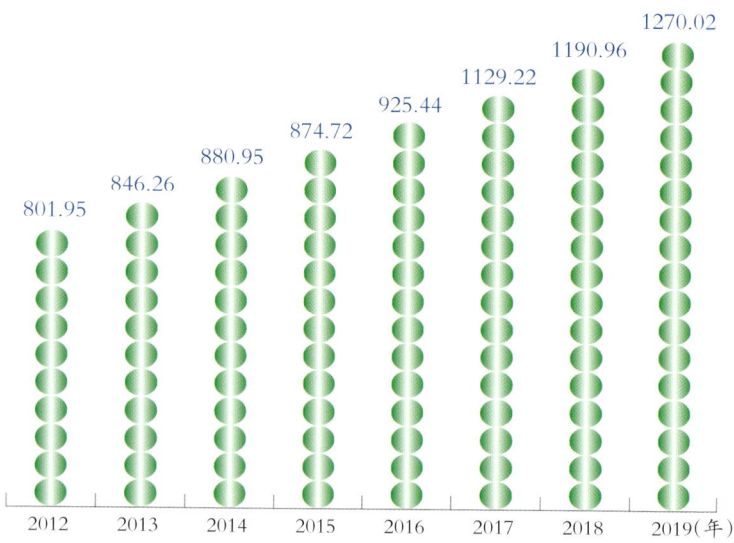

2012~2019年宁夏客货周转量

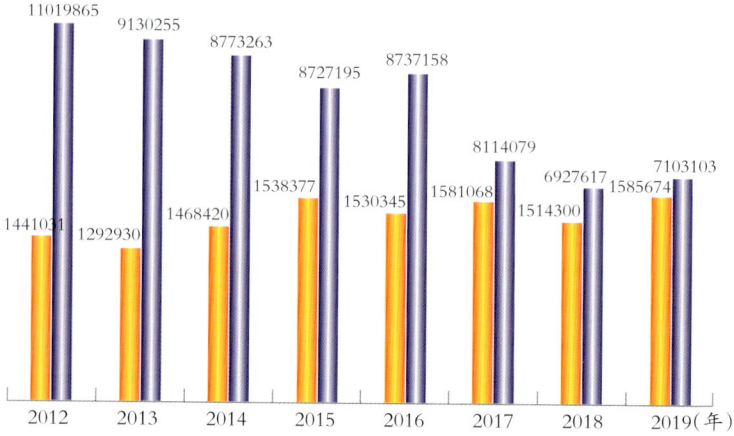

统计图篇

2014~2019年宁夏快递业务量及其增长速度

2014~2019年宁夏互联网宽带接入用户数和移动互联网用户数

单位：万户

2012~2019年宁夏各类学校在校学生数

单位:人

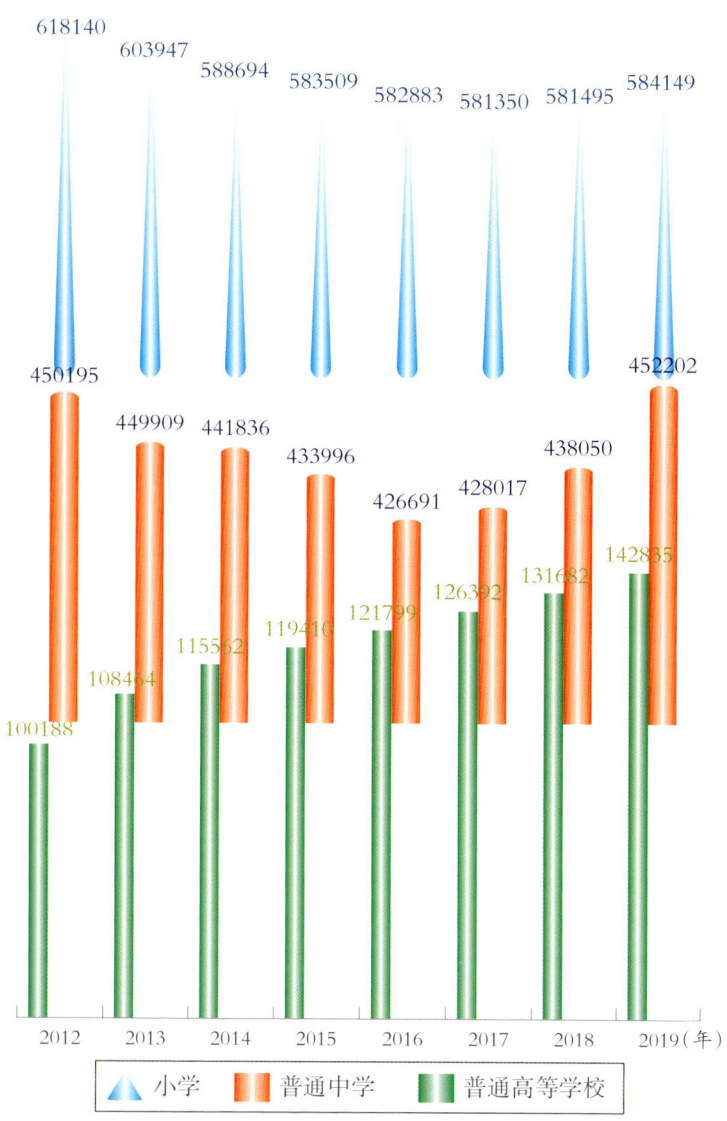

统计图篇

2012~2019年宁夏进出口总额

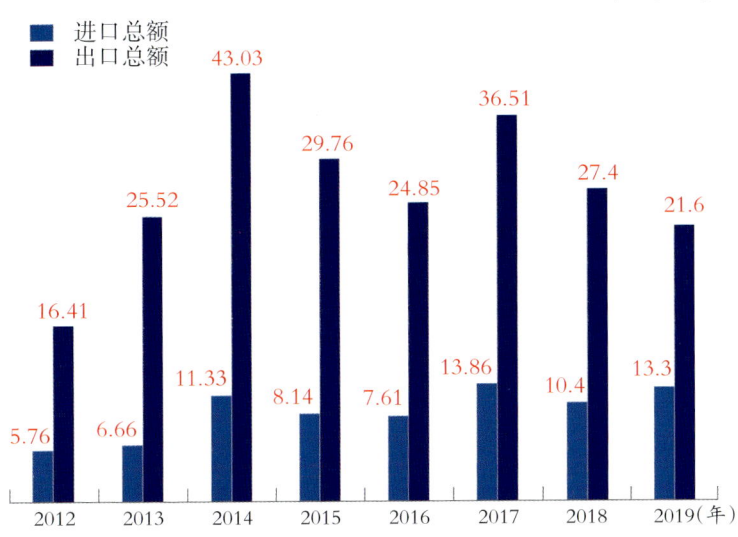

2012~2019年宁夏卫生机构数

基本数据篇

一、2019年全国经济社会发展现状

1.综合

① **国内生产总值**
- 总量:990865亿元,比上年增长6.1%。

② **产业结构**
- 第一产业增加值:70467亿元,比上年增长3.1%,占国内生产总值的比重为7.1%。
- 第二产业增加值:386165亿元,比上年增长5.7%,占国内生产总值的比重为39.0%。
- 第三产业增加值:534233亿元,比上年增长6.9%,占国内生产总值的比重为53.9%。

③ **物价指数**
- 居民消费价格比上年上涨:2.9%。

  其中:
  - ◆ 食品烟酒比上年上涨:7.0%;
  - ◆ 衣着比上年上涨:1.6%;
  - ◆ 居住比上年上涨:1.4%;
  - ◆ 生活用品及服务比上年上涨:0.9%;
  - ◆ 交通和通信比上年下降:1.7%;
  - ◆ 教育文化和娱乐比上年上涨:2.2%;
  - ◆ 医疗保健比上年上涨:2.4%;
  - ◆ 其他用品和服务比上年上涨:3.4%。

- 固定资产投资价格上涨：2.6%。
- 工业生产者出厂价格下降：0.3%。
- 工业生产者购进价格下降：0.7%。
- 农产品生产者价格上涨：14.5%。

④ 财政收入与税收

- 财政收入：190382亿元，比上年增长3.8%。
- 税收收入：157992亿元，比上年增加1589亿元，比上年增长1.0%。

⑤ 外汇储备

- 年末国家外汇储备：31079亿美元，比上年年末增加352亿美元。全年人民币平均汇率为1美元兑6.8985元人民币，比上年贬值4.1%。

⑥ 就业

- 年末全国就业人员：77471万人，其中城镇就业人员44247万人。
- 全年城镇新增就业人数：1352万人，比上年减少9万人。
- 年末全国城镇调查失业率：5.2%。
- 年末城镇登记失业率：3.6%。
- 农民工总量：29077万人，比上年增长0.8%。

  其中：

  ◆ 外出农民工：17425万人，比上年增长0.9%；

  ◆ 本地农民工：11652万人，比上年增长0.7%。

2.农业

① 粮食、棉花、油料等种植面积

- 粮食种植面积：11606万公顷，比上年减少97万公顷。

  其中：

  ◆ 小麦种植面积：2373万公顷，比上年减少54万公顷；

  ◆ 稻谷种植面积：2969万公顷，比上年减少50万公顷；

  ◆ 玉米种植面积：4128万公顷，比上年减少85万公顷。

- 棉花种植面积:334万公顷,比上年减少2万公顷。
- 油料种植面积:1293万公顷,比上年增加6万公顷。
- 糖料种植面积:162万公顷,比上年减少1万公顷。

②主要农产品产量
- 粮食产量:66384万吨,比上年增加594万吨,比上年增产0.9%。

  其中:

  ◆ 夏粮产量:14160万吨,比上年增产2.0%;

  ◆ 早稻产量:2627万吨,比上年减产8.1%;

  ◆ 秋粮产量:49597万吨,比上年增产1.1%。

- 谷物产量:61368万吨,比上年增产0.6%。

  其中:

  ◆ 稻谷产量:20961万吨,比上年减产1.2%;

  ◆ 小麦产量:13359万吨,比上年增产1.6%;

  ◆ 玉米产量:26077万吨,比上年增产1.4%。

- 棉花产量:589万吨,比上年减产3.5%。
- 油料产量:3495万吨,比上年增产1.8%。
- 糖料产量:12204万吨,比上年增产2.2%。
- 茶叶产量:280万吨,比上年增产7.2%。
- 肉类总产量:7649万吨,比上年下降10.2%。

  其中:

  ◆ 猪肉产量:4255万吨,比上年下降21.3%;

  ◆ 牛肉产量:667万吨,比上年增长3.6%;

  ◆ 羊肉产量:488万吨,比上年增长2.6%;

  ◆ 禽肉产量:2239万吨,比上年增长12.3%。

- 生猪年末存栏:31041万头,比上年下降27.5%。
- 生猪年末出栏:54419万头,比上年下降21.6%。
- 牛奶产量:3201万吨,比上年增长4.1%。

- 禽蛋产量：3309万吨，比上年增长5.8%。
- 水产品总产量：6450万吨，比上年下降0.1%。

  其中：
  - 养殖水产品产量：5050万吨，比上年增长1.0%；
  - 捕捞水产品产量：1400万吨，比上年下降5.0%。
- 木材产量：9028万立方米，比上年增长2.5%。

③ **新增灌溉面积和节水面积**

- 新增耕地灌溉面积：27万公顷。
- 新增高效节水灌溉面积：146万公顷。

3. 工业

① **工业增加值**

- 增加值：317109亿元，比上年增长5.7%。
- 规模以上工业增加值增长：5.7%。

  按经济类型分：
  - 国有控股企业增长：4.8%；
  - 股份制企业增长：6.8%；
  - 外商及港澳台商投资企业增长：2.0%；
  - 私营企业增长：7.7%。

  按门类分：
  - 采矿业增长：5.0%；
  - 制造业增长：6.0%；
  - 电力、热力、燃气及水生产和供应业增长：7.0%。

② **主要工业产品增长**

- 原煤产量：38.5亿吨，比上年增长4.0%。
- 原油开采产量：19101.4万吨，比上年增长0.9%。
- 天然气开采产量：1761.7亿立方米，比上年增长10.0%。

- 农副食品加工业增加值比上年增长：1.9%。
- 通用设备制造业增长：4.3%。
- 纺织业增长：1.3%。
- 专用设备制造业增长：6.9%。
- 汽车制造业增长：1.8%。
- 计算机、通信和其他电子设备制造业增长：9.3%。
- 电气机械及器材制造业增长：10.7%。
- 非金属矿物制品业增长：8.9%；
- 黑色金属冶炼及压延加工业增长：9.9%；
- 化学原料及化学制品制造业增长：4.7%；
- 电力、热力生产和供应业增长：6.5%。
- 高技术制造业增加值增长：8.8%，占规模以上工业增加值的比重为14.4%。
- 工业战略性新兴产业增加值增长：8.4%。
- 装备制造业增加值增长：6.7%，占规模以上工业增加值的比重为32.5%。

4.交通、邮电业

①货物运输总量及增长速度

- 货物运输总量：471亿吨。

其中：

  ◆ 铁路：43.2亿吨，比上年增长7.2%；

  ◆ 公路：343.5亿吨；

  ◆ 水运：74.7亿吨，比上年增长6.3%；

  ◆ 民航：753.2万吨，比上年增长2.0%；

  ◆ 管道：9.1亿吨，比上年增长1.8%。

- 货物运输周转量：199289.5亿吨公里。

其中：

◆铁路：30074.7亿吨公里，比上年增长4.4%；

◆公路：59636.4亿吨公里；

◆水运：103963.0亿吨公里，比上年增长5.0%；

◆民航：263.2亿吨公里，比上年增长0.3%；

◆管道：5352.2亿吨公里，比上年增长1.0%。

②**旅客运输总量及增长速度**

●旅客运输总量：176.0亿人次，比上年下降1.9%。

其中：

◆铁路：36.6亿人次，比上年增长8.4%；

◆公路：130.1亿人次，比上年下降4.8%；

◆水运：2.7亿人次，比上年下降2.6%；

◆民航：6.6亿人次，比上年增长7.9%。

●旅客运输周转量：35349.1亿人公里，比上年增长3.3%。

其中：

◆铁路客运周转量：14706.6亿人公里，比上年增长4.0%；

◆公路客运周转量：8857.1亿人公里，比上年下降4.6%；

◆水运客运周转量：80.2亿人公里，比上年增加0.8%；

◆民航客运周转量：11705.1亿人公里，比上年增长9.3%。

③**规模以上港口完成货物吞吐量**

●吞吐量：140亿吨，比上年增长5.7%，其中外贸货物吞吐量43亿吨，比上年增长4.7%。

④**汽车保有量**

●年末全国民用汽车保有量：26150万辆（包括三轮汽车和低速货车762万辆），比上年年末增加2122万辆。

其中：

◆私人汽车保有量：22635万辆，比上年增加1905万辆；

◆民用轿车保有量:14644万辆,比上年增加1193万辆,其中私人轿车13701万辆,比上年增加1112万辆。

⑤邮电业务总量
- 邮政业务总量:16230亿元,比上年增长31.5%。
- 电信业务总量:106789亿元,比上年增长62.9%。

⑥电信用户
- 全国电话用户总数:179238万户,其中移动电话用户160134万户。

⑦电话普及率
- 移动电话普及率:114.4部/百人。

⑧固定互联网宽带和移动宽带用户
- 固定互联网宽带接入用户:44928万户,比上年增加4190万户。

  其中:
  ◆固定互联网光纤宽带接入用户:41740万户,比上年增加4907万户。

- 移动互联网接入流量:1220亿GB,比上年增长71.6%。

⑨软件和信息技术服务业完成软件业务总收入
- 总收入额:71768亿元。

5.国内贸易

①社会消费品零售总额
- 零售总额:411649亿元,比上年增长8.0%。

  按经营地统计:
  ◆城镇消费品零售总额:351317亿元,比上年增长7.9%;
  ◆乡村消费品零售总额:60332亿元,比上年增长9.0%。

  按消费类型统计:
  ◆商品零售额:364928亿元,比上年增长7.9%;
  ◆餐饮收入额:46721亿元,比上年增长9.4%。

② 限额以上企业商品零售额增长

● 粮油、食品类增长：10.2%。

● 饮料类增长：10.4%。

● 烟酒类增长：7.4%。

● 服装、鞋帽、针纺织品类增长：2.9%。

● 汽车类下降：0.8%。

● 日用品类增长：13.9%。

● 文化办公用品类增长：3.3%。

● 通讯器材类增长：8.5%。

● 家用电器和音像器材类增长：5.6%。

● 建筑及装潢材料类增长：2.8%。

● 家具类增长：5.1%。

● 化妆品类增长：12.6%。

● 金银珠宝类增长：0.4%。

● 中西药品类增长：9.0%。

● 石油及制品类增长：1.2%。

③ 网上零售额

● 网上零售额：85239亿元，比上年增长19.5%，占社会消费品零售总额的比重为20.7%，比上年提高2.3个百分点。

6.金融、证券和保险业

① 货币供应量

● 年末广义货币供应量（M2）余额：198.6万亿元，比上年年末增长8.7%。

● 狭义货币供应量（M1）余额：57.6万亿元，比上年年末增长4.4%。

● 流通中货币（M0）余额：7.7万亿元，比上年年末增长5.4%。

② **金融机构存款余额**
- 本外币各项存款余额：198.2万亿元，比年初增加15.7万亿元，其中人民币各项存款余额192.9万亿元，比上年增加15.4万亿元。

③ **金融机构贷款余额**
- 本外币各项贷款余额：158.6万亿元，增加16.8万亿元，其中人民币各项贷款余额153.1万亿元，增加16.8万亿元。
- 农村金融机构（农村信用社、农村合作银行、农村商业银行）人民币贷款余额：190688亿元，比年初增加20866亿元。
- 全部金融机构人民币消费贷款余额：439669亿元，比上年增加61667亿元。

其中：

◆ 个人短期消费贷款余额：99226亿元，比上年增加14519亿元；

◆ 个人中长期消费贷款余额：340443亿元，比上年增加47148亿元。

④ **证券市场交易**
- 上市公司通过境内市场累计筹集资金：13534亿元，比上年增加2076亿元。

其中：

◆ 首次公开发行A股：201只，筹资2490亿元，比上年增加1112亿元，其中科创板股票70只，筹资824亿元。

◆ A股再筹资（包括配股、公开增发、定向增发、优先股、可转债转股）：11044亿元，比上年增加964亿元；

◆ 上市公司通过沪深交易所发行债券（包括公司债、可转债、可交换债、政策性金融债、地方政府债和企业资产支持证券）筹资：71987亿元，比上年增加15109亿元。

- 全年发行公司信用类债券：10.71万亿元，比上年增加2.92万亿元。
- 全年全国中小企业股份转让系统挂牌公司：8953家，累计筹资265亿元。

⑤保险市场交易

- 保费收入：42645亿元，比上年增长12.2%。

  其中：

  ◆ 寿险收入：22754亿元；

  ◆ 健康险和意外伤害险收入：8241亿元；

  ◆ 财产险收入：11649亿元。

- 各类赔款及给付支出：12894亿元。

  其中：

  ◆ 寿险支出：3743亿元；

  ◆ 健康险和意外伤害险支出：2649亿元；

  ◆ 财产险支出：6502亿元。

7.旅游业

①旅游收入

- 国内旅游收入：57251亿元，比上年增长11.7%。
- 国际旅游收入：1313亿美元，比上年增长3.3%。

②旅游人数

- 国内旅客人数：60.1亿人次，比上年增长8.4%。
- 入境旅游人数：14531万人次，比上年增长2.9%。

  其中：

  ◆ 外国旅客：3188万人次，比上年增长4.4%；

  ◆ 港澳台游客：11342万人次，比上年增长2.5%。

- 在入境旅游者中，过夜旅游者：6573万人次，比上年增长4.5%。
- 国内居民出境人数：16921万人次，比上年增长4.5%。其中因私出境16211万人次，比上年增长4.6%。
- 赴港澳台出境人数：10237万人次，比上年增长3.2%。

8.对外经济

①对外贸易额

- 货物进出口总额:315505亿元,比上年增长3.4%。

  其中:

  ◆ 货物出口:172342亿元,比上年增长5.0%;

  ◆ 货物进口:143162亿元,比上年增长1.6%;

  ◆ 进出口差额(出口减进口):29180亿元,比上年增加5932亿元。

- 对"一带一路"沿线国家进出口总额:92690亿元,比上年增长10.8%。其中,出口52585亿元,比上年增长13.2%;进口40105亿元,比上年增长7.9%。

②主要商品出口数量、金额及其增长速度

- 钢材:6429万吨,比上年下降7.3%;金额3699亿元,比上年下降7.1%。

- 汽车:122万辆,比上年增长6.1%;金额1049亿元,比上年增长8.0%。

③主要商品进口数量、金额及其增长速度

- 谷物及谷物粉:1785万吨,比上年下降12.8%;金额358亿元,比上年下降7.0%。

- 大豆:8851万吨,比上年增长0.5%;金额2437亿元,比上年下降2.6%。

- 食用植物油:953万吨,比上年增长51.5%;金额438亿元,比上年增长39.9%。

- 铁矿砂及其精矿:106895万吨,比上年增长0.5%;金额6995亿元,比上年增长39.6%。

- 原油:50572万吨,比上年增长9.5%;金额16627亿元,比上年增长4.6%。

- 成品油：3056万吨，比上年下降8.7%；全额1175亿元，比上年下降11.7%。

④ **货物进出口总额及其增长速度**
- 货物进出口总额：315505亿元，比上年增长3.4%。

  其中：
  - ◆ 机电产品出口金额：100631亿元，比上年增长4.4%；
  - ◆ 高新技术产品出口金额：50427亿元，比上年增长2.1%；
  - ◆ 机电产品进口金额：62596亿元，比上年下降1.8%；
  - ◆ 高新技术产品进口金额：43978亿元，比上年下降0.8%。

⑤ **主要出口国家和地区出口货物额及其增长速度**
- 欧盟：29564亿元，比上年增长9.6%。
- 美国：28865亿元，比上年下降8.7%。
- 中国香港：19243亿元，比上年下降3.6%。
- 日本：9875亿元，比上年增长1.7%。
- 东盟：24797亿元，比上年增长17.8%。
- 韩国：7648亿元，比上年增长6.6%。
- 印度：5156亿元，比上年增长2.1%。
- 中国台湾：3799亿元，比上年增长18.3%。
- 俄罗斯：3434亿元，比上年增长8.5%。
- 巴西：2453亿元，比上年增长10.8%。
- 南非：1141亿元，比上年增长6.4%。

⑥ **主要进口国家和地区进口货物额及其增长速度**
- 欧盟：19063亿元，比上年增长5.5%。
- 美国：8454亿元，比上年下降17.1%。
- 中国香港：626亿元，比上年增长10.9%。
- 日本：11837亿元，比上年下降0.6%。
- 东盟：19456亿元，比上年增长9.8%。

- 韩国：11960亿元，比上年下降11.4%。
- 印度：1239亿元，比上年下降0.2%。
- 中国台湾：11934亿元，比上年增长1.9%。
- 俄罗斯：4208亿元，比上年增长7.5%。
- 巴西：5501亿元，比上年增长7.4%。
- 南非：1784亿元，比上年下降0.8%。

⑦贸易形式

- 一般贸易：出口99546亿元，比上年增长7.8%；进口86599亿元，比上年增长3.1%。
- 加工贸易：出口50729亿元，比上年下降3.7%；进口28778亿元，比上年下降7.4%。

⑧对外直接投资、承包合同和劳务合作

- 对外直接投资（非金融部分）：7630亿元，比上年下降4.3%。其中，对"一带一路"沿线国家直接投资额150亿美元，比上年下降3.8%。
- 对外承包工程完成营业额：11928亿元，比上年增长6.6%。其中，对"一带一路"沿线国家完成营业额980亿美元，比上年增长9.7%。
- 对外劳务合作派出各类劳务人员：49万人。

⑨利用外资

- 新批外商直接投资企业：40888家，比上年下降32.5%。
- 实际使用外商直接投资金额：9415亿元，比上年增长5.8%。

  其中：
  - 制造业实际使用金额：2416亿元，比上年下降11.0%；
  - 房地产业实际使用金额：1608亿元，比上年增长8.0%；
  - 租赁和商务服务业实际使用金额：1499亿元，比上年增长20.6%；

- ◆ 批发和零售业实际使用金额:614亿元,比上年下降4.5%;
- ◆ 交通运输、仓储和邮政业实际使用金额:309亿元,比上年下降1.6%。

9.固定资产投资

① 投资规模
- 全社会固定资产投资总额:560874亿元,比上年增长5.1%。其中城镇投资551478亿元,比上年增长5.4%。

② 投资产业
- 城镇第一产业投资:12633亿元,比上年增长0.6%。
- 城镇第二产业投资:163070亿元,比上年增长3.2%。
- 城镇第三产业投资:375775亿元,比上年增长6.5%。

③ 投资区域
- 东部地区投资:比上年增长4.1%。
- 中部地区投资:比上年增长9.5%。
- 西部地区投资:比上年增长5.6%。
- 东北地区投资:比上年下降3.0%。

④ 行业固定资产投资(不含农户)及其增长速度
- 农、林、牧、渔业:比上年增长0.7%。
- 采矿业:比上年增长24.1%。
- 制造业:比上年增长3.1%。
- 建筑业:比上年下降19.8%。
- 批发和零售业:比上年下降15.9%。
- 房地产业:比上年增长9.1%。
- 科学研究、技术服务业:比上年增长17.9%。
- 水利、环境和公共设施管理业:比上年增长2.9%。
- 教育:比上年增长17.7%。

- 卫生和社会工作：比上年增长5.3%。
- 公共管理、社会保障和社会组织：比上年下降15.6%。

⑤ 固定资产投资新增主要生产与运营能力
- 新增220千伏及以上变电设备：23042万千伏安。
- 新建铁路投产里程：8489公里，其中高速铁路5474公里。
- 增、新建铁路复线投产里程：6448公里。
- 电气化铁路投产里程：7919公里。
- 新改建公路里程：327626公里，其中高速公路8313公里。
- 新增民用运输机场：3个。
- 新增光缆线路长度：434万公里。

10.建筑业和房地产业

① 建筑业
- 增加值：70904亿元，比上年增长5.6%。
- 具有资质等级的建筑企业实现利润：8381亿元，比上年增长5.1%，其中国有控股企业实现利润2585亿元，比上年增长14.5%。

② 房地产业
- 完成房地产开发投资：132194亿元，比上年增长9.9%。

  其中：
  - ◆ 住宅投资：97071亿元，比上年增长13.9%；
  - ◆ 办公楼投资：6163亿元，比上年增长2.8%；
  - ◆ 商业营业用房投资：13226亿元，比上年下降6.7%。
- 房屋施工面积：893821万平方米，比上年增长8.7%，其中住宅面积627673万平方米，比上年增长10.1%。
- 房屋新开工面积：227154万平方米，比上年增长8.5%，其中住宅面积167463万平方米，比上年增长9.2%。
- 房屋竣工面积：95942万平方米，比上年增长2.6%，其中住宅竣工面积68011万平方米,比上年增长3.0%。
- 商品房销售面积:171558万平方米,比上年下降0.1%,其中住宅销售面积150144万平方米,比上年增长1.5%。
- 本年到位资金:178609亿元,比上年增长7.6%,其中国内贷款25229亿元,比上年增长5.1%,个人按揭贷款27281亿元,比上年增长15.1%。
- 全国城镇棚户区住房改造开工:316万套,基本建成254万套。
- 全国农村地区建档立卡贫困户危房改造:63.8万户。

11.科技、教育、文化、体育、卫生

① 科技投入
- R&D(科研与开发)经费支出:21737亿元,比上年增长10.5%,占GDP的2.19%,其中基础研究经费1209亿元。

② 科技计划课题
- 国家自然科学基金共资助项目:45192个。
- 国家科技重大专项共安排课题:234个。

③ 科技机构
- 国家级企业技术中心:1540家。
- 累计建设国家工程研究中心:133个。
- 国家工程实验室217个。
- 国家重点实验室515个。

④ 专利
- 受理境内外专利申请量:438.0万件,比上年增长1.3%。
- 专利授权量:259.2万件,比上年增长5.9%。
- 有效专利:972.2万件,其中境内有效发明专利186.2万件,每万人口发明专利拥有量13.3件。

⑤ **技术市场**

- 签订技术合同:48.4万项。
- 技术合同成交金额:22398亿元,比上年增长26.6%。
- 成功宇航发射:32次。

⑥ **产品质量检测、认证机构及工作情况**

- 制定、修订国家标准:2021项,其中新制定1448项。
- 产品质量、体系和服务认证机构:596个,累计完成对72万家企业的认证。
- 制造业产品合格率:93.86%。

⑦ **研究生教育**

- 招生数:97.1万人。
- 在学研究生:286.4万人。
- 毕业研究生:64.0万人。

⑧ **普通高等教育**

- 招生数:914.9万人。
- 在校生:3031.5万人。
- 毕业生:758.5万人。

⑨ **中等职业教育**

- 招生数:600.4万人。
- 在校生:1576.5万人。
- 毕业生:493.4万人。

⑩ **基础教育**

- 高中
  - 招生数:839.5万人。
  - 在校生:2414.3万人。
  - 毕业生:789.2万人。

- 初中
  - ◆ 招生数：1638.8万人。
  - ◆ 在校生：4827.1万人。
  - ◆ 毕业生：1454.1万人。
- 小学
  - ◆ 招生数：1869.0万人。
  - ◆ 在校生：10561.2万人。
  - ◆ 毕业生：1647.9万人。

⑪ **学前教育**

- 幼儿园在园幼儿：4713.9万人。

⑫ **特殊教育**

- 招生数：14.4万人。
- 在校生：79.5万人。
- 毕业生：9.8万人。

⑬ **艺术团体**

- 艺术团体：2072个。

⑭ **图书馆、文化馆、博物馆和档案馆**

- 公共图书馆：3189个。
- 文化馆：3325个。
- 博物馆：3410个。
- 档案馆：4136个，已开放各类档案14341万卷（件）。

⑮ **广播电视**

- 有线电视用户：2.12亿户，其中有线数字电视实际用户1.98亿户。
- 广播节目综合人口覆盖率：99.1%。
- 电视节目综合人口覆盖率：99.4%。

⑯ **电影电视创作成果**

- 故事影片：850部。

- 科教、纪录、动画和特种影片:187部。
- 电视剧:254部10646集,电视动画片94659分钟。

⑰新闻出版

- 出版报纸:315亿份。
- 出版期刊:22亿册。
- 出版图书:102亿册(张),人均图书拥有量7.29册(张)。

⑱医疗卫生机构

- 卫生机构:101.4万个,床位892万张。

  其中:

  ◆ 医院3.4万个,床位697万张;

  ◆ 乡镇卫生院:3.6万个,床位138万张;

  ◆ 社区卫生服务中心(站):3.5万个;

  ◆ 门诊部(所):26.7万个;

  ◆ 专业公共卫生机构:1.7万个,其中疾病预防控制中心3456个;

  ◆ 卫生监督所(中心):3106个;

  ◆ 村卫生室:62.1万个。

⑲卫生技术人员

- 总数:1010万人。

  其中:

  ◆ 执业医师和执业助理医师:382万人;

  ◆ 注册护士:443万人。

⑳竞技体育

- 运动员在33个运动大项中获得世界冠军:128个。
- 创世界纪录:16项。
- 残疾人运动员在53项国际赛事中获世界冠军:350个。

12.人口、人民生活和社会保障

①人口数量

- 年末全国内地总人口:140005万人,比上年年末增加467万人,其中城镇常住人口84843万人,占总人口比重(常住人口城镇化率)为60.60%,比上年末提高1.02个百分点。
- 全年出生人口:1465万人,出生率为10.48‰。
- 全年死亡人口:998万人,死亡率为7.14‰。
- 自然增长率:3.34‰。
- 户籍人口城镇化率:44.38%,比上年末提高1.01个百分点。
- 全国人户分离人口:2.80亿人,其中流动人口2.36亿人。

②城乡居民收入

- 全国居民人均可支配收入:30733元,比上年增长8.9%,扣除价格因素,实际增长5.8%。
- 全国居民人均可支配收入中位数:26523元,比上年增长9.0%。
- 城镇居民人均可支配收入:42359元,比上年增长7.9%,扣除价格因素,比上年实际增长5.0%。
- 农村居民人均可支配收入:16021元,比上年增长9.6%,扣除价格因素,比上年实际增长6.2%。
- 城镇居民人均可支配收入中位数:39244元,比上年增长7.8%。
- 农村居民人均可支配收入中位数:14389元,比上年增长10.1%。
- 全国农民工人均月收入:3962元,比上年增长6.5%。

③城乡居民消费支出

- 全国居民人均消费支出:21559元,比上年增长8.6%,扣除价格因素,实际增长5.5%。
- 城镇居民人均消费支出:28063元,比上年增长7.5%,扣除价格因素,实际增长4.6%。

- 农村居民人均消费支出：13328元，比上年增长9.9%，扣除价格因素，实际增长6.5%。
- 全国居民恩格尔系数：28.2%，比上年下降0.2个百分点。其中城镇为27.6%，农村为30.0%。

④ **农村贫困人口**

- 按照每人每年2300元（2010年不变价）的农村贫困标准计算，年末农村贫困人口：551万人，比上年年末减少1109万人；贫困发生率：0.6%，比上年下降1.1个百分点。
- 贫困地区农村居民人均可支配收入：11567元，比上年增长11.5%，扣除价格因素，实际增长8.0%。

⑤ **社会保障**

- 年末全国参加城镇职工基本养老保险人数：43482万人，比上年年末增加1581万人。
- 参加城乡居民基本养老保险人数：53266万人，比上年增加874万人。
- 参加基本医疗保险人数：135436万人，比上年增加978万人。

  其中：

  ◆ 参加职工基本医疗保险人数：32926万人，比上年增加1245万人；

  ◆ 参加城乡居民基本医疗保险人数：102510万人。

- 参加失业保险人数：20543万人，比上年增加899万人。
- 参加工伤保险人数：25474万人，比上年增加1600万人，其中参保农民工8616万人，比上年增加530万人。
- 参加生育保险人数：21432万人，比上年增加997万人。
- 资助城乡困难群众参加医疗保险人数：7782万人，实施门诊和住院救助6180万人次。
- 全国领取失业保险金人数：228万人。

- 得到政府最低生活保障的城市居民：861万人。
- 得到政府最低生活保障的农村居民：3456万人。
- 国家抚恤、补助退役军人和其他优抚对象：861万人。
- 享受农村特困人员救助供养居民：439万人。

13.资源、环境和安全生产

① 土地资源

- 全国国有建设用地供应总量：62.4万公顷，比上年下降3.6%。

其中：

  ◆ 工矿仓储用地：14.7万公顷，比上年增长10.3%；

  ◆ 房地产用地：14.2万公顷，比上年下降1.4%；

  ◆ 基础设施用地：33.5万公顷，比上年下降9.5%。

② 水资源

- 水资源总量：28670亿立方米。
- 总用水量：5991亿立方米，比上年下降0.4%。

其中：

  ◆ 生活用水增长：1.9%；

  ◆ 工业用水下降：2.1%；

  ◆ 农业用水下降：0.5%；

  ◆ 生态补水增长：0.5%。

- 万元国内生产总值用水量：67立方米，比上年下降6.1%。
- 万元工业增加值用水量：42立方米，比上年下降7.2%。
- 人均用水量：429立方米，比上年下降0.8%。

③ 能源消费

- 能源消费总量：48.6亿吨标准煤，比上年增长3.3%。
- 按能源类别分：

  ◆ 煤炭消费量增长：1.0%；

◆ 原油消费量增长:6.8%;

◆ 天然气消费量增长:8.6%;

◆ 电力消费量增长:4.5%。

④ **生态建设**

● 完成造林面积:707万公顷,其中人工造林面积365万公顷,占全部造林面积的51.6%。

● 森林抚育面积:773万公顷。

● 新增水土流失治理面积:5.4万平方公里。

⑤ **自然保护区**

● 国家级自然保护区:474个。

⑥ **噪声环境质量**

● 在监测的322个城市中,城市区域声环境质量好的城市占2.5%,较好的占66.8%,一般的占28.9%,较差的占1.9%。

⑦ **空气环境质量**

● 在监测的337个地级及以上城市中,城市空气质量达标的城市占46.6%,未达标的城市占53.4%。

⑧ **水环境质量**

● 近岸海域1257个海水水质监测点中,达到国家一、二类海水水质标准的监测点占76.6%;三类海水占7.0%;四类、劣四类海水占16.4%。

⑨ **自然灾害**

● 低温冷冻和雪灾造成直接经济损失:28亿元。

● 洪涝和地质灾害造成直接经济损失:1923亿元。

● 海洋灾害造成直接经济损失:117亿元。

● 旱灾造成直接经济损失:457亿元。

● 大陆发生5.0级以上地震:20次,成灾13次,造成直接经济损失约59亿元。

- 农作物受灾面积：1926万公顷，其中绝收280万公顷。
- 发生森林火灾：2345起。
- 森林火灾受害森林面积：1.4万公顷。
- 平均气温：10.34℃，比上年上升0.25℃。
- 登陆台风：5个。

⑩ **安全生产**

- 各类生产安全事故死亡：29519人。
- 工矿商贸企业就业人员10万人生产安全事故死亡人数：1.474人，比上年下降4.7%。
- 煤矿百万吨死亡人数：0.083人，比上年下降10.8%。
- 道路交通事故万车死亡人数：1.80人，比上年下降6.7%。

资料来源

中华人民共和国国家统计局.中华人民共和国2019年国民经济和社会发展统计公报.人民日报,2020-03-01.

二、宁夏概况

1.历史

① **远古居民**
- 约公元前3万年,在黄河东边今宁夏灵武市出现"水洞沟文化"居民。
- 约公元前5000年,在今宁夏贺兰县暖泉村有"细石器文化"居民。
- 公元前3500~公元前2000年,宁夏南部先后有"仰韶文化北首岭类型""仰韶文化""马家窑文化石岭下类型""马家窑类型"和"齐家文化"的居民。

② **历史沿革**
- 战国,秦昭襄王三十五年(前272年),设北地郡,宁夏南北乌氏县,昫衍县均隶之,是为今宁夏地区有行政建置之始。
- 秦代,宁夏仍属北地郡,是秦在西北的军事要地。
- 汉代,宁夏南、北分属定安郡和北地郡,均隶凉州刺使部。
- 东晋末年,匈奴后裔赫连勃勃建立地方政权,国号大夏,宁夏大部分属其管辖范围。
- 唐代,宁夏属京畿关内道,以京官遥领,无治所。
- 公元1038~1227年,在今宁夏、甘肃等地区,党项族建立地方政权大夏国,史称西夏。宁夏为其主要辖区,国都兴庆府(今银川市)。
- 元代,初设行省于西夏故地,后改宁夏府路,宁夏得名始于此。南部地区属陕西行省开城府。
- 明代,宁夏为北方军事要塞"九边重镇"之一,北部设宁夏镇,南部设固原镇,明廷派三边总督驻节固原,统一指挥西部延绥、甘州、宁夏、固原四大军镇军事。
- 民国初年建朔方道,1929年新建宁夏省。

③ **解放时间**
- 1949年9月23日,宁夏省解放。中华人民共和国成立初,仍为宁夏省。1954年9月,撤销宁夏省,原辖之阿拉善左旗、阿拉善右旗、额济纳旗和磴口县划归内蒙古自治区,其余地区并入甘肃省。

④ **自治区成立时间**
- 1958年10月25日,宁夏回族自治区成立,辖原属甘肃省的银川专区、吴忠回族自治州、西海固回族自治州及泾源、隆德两县。1969年,内蒙古自治区阿拉善左旗、阿拉善右旗的5个公社并入宁夏,1979年,上属蒙地划回内蒙古自治区。现今辖区仍为自治区成立时的范围。

2.地理

① **位置**
- 位于中国西北地区东部、黄河上中游,与甘肃省、陕西省和内蒙古自治区毗邻。
- 地理坐标为:东经104°17′~107°39′,北纬35°14′~39°23′。

② **面积**
- 6.64万平方公里,占全国陆地总面积的0.69%,是全国除台湾、海南和4个直辖市外面积最小的省级行政区。

③ **地形与海拔**
- 版图形状为两头尖、中间大,东西最宽处250公里,南北最长处456公里。
- 全境海拔1000米以上,地势南高北低,落差近1000米,呈阶梯状下降。

- 南部黄土丘陵海拔1600~2200米,占全区总面积的37.8%。
- 中部台地平原与北部平原海拔1100~1500米,占全区总面积的44.4%。
- 其余为山地和沙漠,占全区总面积的15.7%和1.8%。

④气候

- 地处内陆,远离海洋,位于中国季风区的西缘,是典型的大陆性气候,具有冬寒长、夏热短、春暖快、秋凉早,干旱少雨、日照充足、蒸发强烈、风大沙多、南凉北暖、南湿北干和气象灾害较多等特点。
- 以麻黄山北缘—青龙山、罗山南麓—李旺—关桥—盐池一线为界,气候资源南北差异明显,该线以北地区,光能丰富,热量适中,降水稀少,为温带干旱区,年干燥度>3;该线以南地区,降水稍多,热量不足,为温带半干旱区和半湿润区,以旱作农业为主,年干湿度为54%。
- 各市县年平均气温:6.5~11.4℃,其中2019年全区平均气温9.4℃。
- 各市县年平均日照时数:1993~3044小时,其中2019年全区平均日照时数2572小时。
- 各市县年平均降水量:136.7~1019.8毫米,其中2019年全区平均降水量341.7毫米。
- 各市县年平均无霜期:178~239天,其中2019年全区平均无霜期222天。

⑤河流与湖泊

- 主要河流:7条,即黄河、清水河、红柳沟、苦水河、泾河、茹河、葫芦河。
- 河流水面:2.15万公顷。
- 湖泊水面:0.93万公顷。
- 水库水面:0.61万公顷。
- 内陆滩涂:3.29万公顷。

3. 自然资源

① 水资源

- 全国水资源最贫乏的省(区)之一,地表水资源最少,仅有9.71亿立方米,只有全国平均值的6%。
- 黄河过境水是宁夏最可依赖的水源,在境内流程397公里,多年平均过境流量325亿立方米。
- 虽然地表水资源贫乏,但有黄河水灌溉的优越条件。国家调配可利用水资源40亿立方米,基本能够满足沿黄地区的城市用水和工业用水的需求。

② 耕地面积

- 现有耕地130.34万公顷。

  其中:

  ◆ 灌溉水田:18.56万公顷,占总量的14.24%;

  ◆ 水浇地:33.34万公顷,占总量的25.58%;

  ◆ 旱地:78.45万公顷,占总量的60.19%。

③ 园地、牧草地

- 园地:4.81万公顷。
- 牧草地:208.03万公顷。

④ 森林资源

- 现有林地:170.78万公顷。

  其中:

  ◆ 乔木地面积:21.61万公顷;

  ◆ 灌木林地面积:60.27万公顷;

  ◆ 疏木林地面积:1.94万公顷;

  ◆ 未造成林地面积:49.26万公顷;

  ◆ 苗圃面积:0.24万公顷;

◆无立木林地和宜林地面积:37.23万公顷;

◆林业辅助用地面积:0.23万公顷。

● 活立木总蓄积量:1066.81万立方米。

● 森林蓄积:963.3万立方米。

● 森林覆盖率:15.2%,比2010年全国森林资源调查公布的11.89%提高了3.31个百分点。

⑤矿产资源

● 能源矿产

◆煤炭查明资源储量342.98亿吨,资源保有量329.76亿吨。

● 金属矿产

◆铁矿查明资源储量380.66万吨,资源保有量229.97万吨。

◆铜矿查明资源储量45406.05吨,资源保有量41029.26吨。

◆铅矿查明资源储量7943.02吨,资源保有量7943.02吨。

◆锌矿查明资源储量2352.13吨,资源保有量2352.13吨。

◆镁矿查明资源储量9592.99万吨,资源保有量9011.94万吨。

◆金矿查明资源储量1247.09千克,资源保有量1185.00千克。

◆银矿查明资源储量62.29吨,资源保有量56.81吨。

● 冶金辅助非金属矿产

◆熔剂用灰岩矿石查明资源储量2484.10万吨,资源保有量2430.40万吨。

◆冶金用白云岩矿石查明资源储量24105.61万吨,资源保有量24105.61万吨。

◆冶金用石英岩矿石查明资源储量113919.46万吨,资源保有量113277.81万吨。

◆冶金用砂岩矿石查明资源储量442.44万吨,资源保有量362.87万吨。

◆铸型用砂矿石查明资源储量107.80万吨,资源保有量78.60

万吨。

◆ 耐火黏土矿石查明资源储量505.70万吨,资源保有量461.30万吨。

4.人口

① **人口数量**

● 2019年年末常住人口:694.66万人,比上年净增5.55万人。

其中:

◆ 银川市:229.31万人,自然增长率为9.04‰;

◆ 石嘴山市:80.59万人,自然增长率为2.69‰;

◆ 吴忠市:142.25万人,自然增长率为7.81‰;

◆ 固原市:125.05万人,自然增长率为9.44‰;

◆ 中卫市:117.46万人,自然增长率9.13‰。

● 总户数:230.97万户。

● 平均每户人口:3.01人。

② **人口自然增长情况**

● 出生率:13.72‰,比上年上升了0.4个千分点。

● 死亡率:5.69‰,比上年上升了0.15个千分点。

● 自然增长率:8.03‰,比上年上升0.25个千分点。

③ **人口结构**

按性别分:

● 男:350.19万人,占50.4%。

● 女:344.47万人,占49.6%。

按民族分:

● 汉族:434.02万人,占62.5%。

● 回族:254.85万人,占36.7%。

● 其他民族:5.79万人,占0.83%

按城乡分：
- 城镇：415.81万人，占59.86%。
- 乡村：278.85万人，占40.14%。

按年龄分：
- 0~15岁者（含不满16岁）：155.19万人，占22.34%。
- 16~59岁者（含不满60岁）：442.50万人，占63.7%。
- 60周岁以上者：96.97万人，占13.96%，其中65周岁及以上者67.38万人，占人口9.70%。

按受教育程度分*：
- 大专及以上每10万人拥有：9316人。
- 高中和中专每10万人拥有：12580人。
- 初中每10万人拥有：33813人。
- 小学每10万人拥有：29656人。
- 文盲：41.92万人，占总人口的6.65%

注：*为2010年全国第六次人口普查数据。

5.行政区划

① 市、县（区）数
- 地级市：5个，即银川市、石嘴山市、吴忠市、固原市、中卫市。
- 县级市：2个，即灵武市、青铜峡市。
- 市辖区：9个，即兴庆区、西夏区、金凤区、大武口区、惠农区、利通区、红寺堡区、原州区、沙坡头区。
- 县：11个，即永宁县、贺兰县、平罗县、盐池县、同心县、西吉县、隆德县、泾源县、彭阳县、中宁县、海原县。

② 乡、镇、街道办事处
- 乡：90个，即银川市6个，石嘴山市9个，吴忠市15个，固原市41个，中卫市19个。

- 镇:103个,即银川市21个,石嘴山市11个,吴忠市29个,固原市21个,中卫市21个。
- 街道办事处:47个,即银川市25个,石嘴山市16个,吴忠市3个,固原市3个。

③居委会、村委会

- 居民委员会:564个,即银川市258个,石嘴山市119个,吴忠市72个,固原市68个,中卫市47个,比上年增加了21个。
- 村民委员会:2240个,即银川市291个,石嘴山市195个,吴忠市497个,固原市811个,中卫市446个,比上年减少了17个。

资料来源

[1]宁夏回族自治区统计局.宁夏统计年鉴.北京:中国统计出版社,2019.

[2]宁夏气象档案馆.基础数据.2019年12月.

[3]宁夏回族自治区林业和草原局.宁夏回族自治区2018年度林地变更调查数据.2019年12月.

三、2019年宁夏经济发展现状

1.综合

① 地区生产总值

- 总量:3748.48亿元,按可比价格计算,增长6.5%,增速比全国平均水平高0.4个百分点。
- 人均GDP:54217元,比上年增长5.5%。

② 产业结构

- 第一产业完成增加值:279.93亿元,比上年增长3.2%。
- 第二产业完成增加值:1584.72亿元,比上年增长6.7%。
- 第三产业完成增加值:1883.83亿元,比上年增长6.8%。
- 三次产业增加值结构的比例2019年为:7.5:42.3:50.2。

③ 物价指数

- 居民消费价格总水平比上年上涨:2.1%。
    - ◆ 食品烟酒类上涨:4.8%;
    - ◆ 衣着类上涨:0.4%;
    - ◆ 居住类上涨:1.1%;
    - ◆ 交通和通信类下降:1.9%;
    - ◆ 教育文化和娱乐上涨:0.3%;
    - ◆ 医疗保健上涨:4.0%。
- 农业生产资料价格比上年上涨:4.0%。
- 农产品生产价格比上年上涨:6.4%。
- 工业生产者购进价格比上年下降:2.5%。

- 工业生产者出厂价格比上年下降:0.6%。

④财政收支

- 一般公共预算总收入:747.76亿元,同口径增长6.6%,其中地方一般公共预算收入423.55亿元,同口径增长7.2%。

  其中:

  ◆ 地方增值税:114.28亿元,比上年下降14.6%;

  ◆ 地方企业所得税:32.54亿元;

  ◆ 个人所得税:10.16亿元,比上年下降24.2%。

- 公共财政预算支出:1438.40亿元,比上年增长1.4%。

  其中:

  ◆ 一般公共服务支出:97.06亿元,比上年增长6.3%;

  ◆ 公共安全支出:67.17亿元,比上年下降1.8%;

  ◆ 教育支出:180.31亿元,比上年增长5.8%;

  ◆ 社会保障和就业支出:183.53亿元,比上年增长4.3%;

  ◆ 科技支出:29.31亿元,比上年下降13.8%;

  ◆ 农林水支出:213.65亿元,比上年下降2.5%;

  ◆ 卫生健康支出:106.83亿元,比上年增长1.2%;

  ◆ 节能环保支出:54.32亿元,比上年下降24.9%;

  ◆ 城乡社区事务支出:197.41亿元,比上年下降0.5%。

2.农业

①增加值

- 全年完成农林牧业增加值:297.7亿元,比上年增长3.2%。

  其中:

  ◆ 农业产值:186.0亿元,比上年增长4.2%;

  ◆ 林业产值:3.3亿元,比上年增长1.4%;

  ◆ 牧业产值:83.2亿元,比上年增长0.8%;

◆渔业产值:7.5亿元,比上年增长4.4%;

◆农林牧渔专业及辅助性活动产值:17.7亿元,比上年增长4.2%。

②粮食、油料、蔬菜种植面积

● 粮食种植面积:1016.05万亩,比上年减少87.46万亩。

● 油料种植面积:58.33万亩,比上年增加7.74万亩。

● 瓜果种植面积:98.71万亩,比上年增加5.33万亩。

● 蔬菜种植面积:198.06万亩,比上年增加15.41万亩。

③主要农产品产量

● 粮食总产量:373.15万吨,比上年下降4.9%。

其中:

◆小麦产量:34.61万吨,比上年下降16.8%;

◆水稻产量:55.09万吨,比上年下降17.2%;

◆玉米产量:230.47万吨,比上年下降1.8%。

● 蔬菜总产量:565.58万吨,比上年增长2.7%。

● 油料产量:7.62万吨,比上年增长4.5%。

● 肉类总产量:33.53万吨,比上年下降1.8%。

● 禽蛋产量:13.86万吨,比上年下降3.6%。

● 牛奶产量:183.36万吨,比上年增长9.0%。

● 水产品产量:15.77万吨,比上年下降10.9%。

3.工业

①增加值

● 全部工业增加值:1270.02亿元,比上年增长7.4%。

● 规模以上工业增加值比上年增长:7.6%,其中大中型企业工业增加值比上年增长7.9%。

按轻、重工业分:

◆重工业增加值比上年增长:9.0%;

◆轻工业增加值比上年下降:5.1%。

按经济类型分:

◆国有控股企业增加值比上年增长:7.6%;

◆国有企业增加值比上年增长:8.5%;

◆股份制企业增加值比上年增长:10.1%;

◆外商及港、澳、台商投资企业增加值比上年下降:26.1%。

② **主要工业产品增幅**

● 原煤产量:7476.9万吨,比上年下降4.6%。

● 发电量:1765.9亿千瓦时,比上年增长5.6%。

● 橡胶轮胎外胎产量:237.2万条,比上年下降27.6%。

● 铁合金产量:377.4万吨,比上年增长5.6%。

● 焦炭产量:790.8万吨,比上年增长7.3%。

● 原铝产量:125.3万吨,比上年下降2.0%。

● 水泥产量:1888.6万吨,比上年增长7.3%。

③ **工业经济效益**

● 规模以上工业企业累计实现营业收入:4824.88亿元,比上年下降2.8%。

● 工业产品销售率:98.0%,比上年增长0.4%。

● 实现利润:218.1亿元,比上年增长10.0%。

● 规模以上亏损企业亏损额:78.92亿元,比上年下降21.2%。

● 规模以上亏损企业亏损面:32.1%。

4.交通、运输、邮电业

① **货物运输量**

● 各种运输方式完成货物周转量:710.31亿吨公里。

其中:

◆公路运输:437.39亿吨公里;

◆铁路运输:213.60亿吨公里,比上年下降6.92%;

◆航空运输:0.41亿吨公里,比上年增长24.0%;

◆管道运输:58.91亿吨公里,比上年下降9.01%。

●各种运输方式完成货运量:43661.84万吨。

其中:

◆铁路运输:8150.64万吨,比上年增长13.85%;

◆公路运输:34360万吨;

◆航空运输:3.33万吨,比上年增长31.8%;

◆管道运输:1147.87万吨,比上年下降5.55%。

②旅客运输量

●完成旅客周转量:158.57亿人公里,比上年增长4.71%。

其中:

◆公路周转量:46.01亿人公里,比上年下降3.06%;

◆铁路周转量:40.93亿人公里,比上年增长0.37%;

◆航空周转量:71.63亿人公里,比上年增长13.35%。

●完成客运量:6092.36万人次,比上年下降5.6%。

其中:

◆铁路客运量:666.40万人次,比上年增长2.05%;

◆公路客运量:4905万人次,比上年下降8.18%;

◆航空客运量:520.96万人次,比上年增长13.56%。

③通车里程

●年末公路通车里程:36576公里。

●年末高速公路:1788公里。

●年末铁路营业里程:1240公里。

④邮电业务总量

●邮政业务总量:19.89亿元,比上年增长12.3%。

●电信业务总量:744.1亿元,比上年增长60.9%。

- 函件：272.03万件，比上年下降8.54%。
- 快递业务量：4891.61万件。
- 快递业务收入：9.49亿元，比上年增长16.7%。
- 订销报纸累计数：6932.78万份。
- 订销杂志累计数：383.67万份。

⑤电信基础设施建设

- 移动电话交换机容量：1583万户，与上年持平。

⑥电信用户

- 年末固定电话用户：53.9万户，比上年下降2.71%。
- 移动电话用户：828.3万户，比上年下降5.98%。
- 移动互联网用户：685.9万户。
- 互联网宽带接入用户：259.1万户。

5.国内贸易

①社会消费品零售总额

- 零售总额比上年增长5.2%。

  按经营单位所在地分：
  - ◆ 城镇消费品零售额比上年增长：4.7%；
  - ◆ 乡村消费品零售额比上年增长：11.1%。

  按消费形态分：
  - ◆ 商品零售额比上年增长：4.5%；
  - ◆ 餐饮收入额比上年增长：8.1%。

- 限额以上企业（单位）零售额下降：1.3%

6.金融、证券、保险业

①金融机构本外币存款余额

- 存款余额：6460.42亿元，比年初增加413.22亿元。

②**金融机构人民币存款余额**
- 存款余额：6443.43亿元，同比增长6.9%，比年初增加413.99亿元。

  其中：
  - ◆住户存款余额：3446.14亿元，比年初增加340.94亿元；
  - ◆非金融企业存款余额：1377.61亿元，比年初增加35.76亿元。

③**金融机构本外币贷款余额**
- 各项贷款(本外币)余额：7427.57亿元，比年初增加358.81亿元。

④**金融机构人民币贷款余额**
- 贷款余额：7216.79亿元，比年初增加379.10亿元。

⑤**证券机构及证券市场交易**
- 上市公司：14家。
- 股本总额：202.31亿股。
- 总市值：1272.32亿元，比上年增长172.9%，其中流通市值573.89亿元，比上年增长79.3%。
- 证券分公司：15家。
- 证券营业部：44家。
- 全年证券交易额：8726.82亿元，比上年增长42.5%。

⑥**保险业**
- 保费收入：197.67亿元，比上年增长8.1%。

  其中：
  - ◆财产险：68.16亿元，比上年增长6.7%；
  - ◆寿险：87.71亿元，比上年增长5.6%；
  - ◆健康险：36.23亿元，比上年增长18.4%；
  - ◆意外伤害险：5.57亿元，比上年增长6.5%。
- 支付各项赔款和给付：63.57亿元，比上年增长5.1%。

其中：

◆财产险：37.12亿元，比上年增长15.0%；

◆寿险：16.39亿元，比上年下降8.9%；

◆健康险：8.37亿元，比上年下降3.5%；

◆意外伤害险：1.69亿元，比上年增长9.7%。

7.建筑业

①完成总产值

●总产值：601.41亿元，比上年增长6.4%。

②实现增加值

●增加值：316.17亿元，比上年增长3.9%。

③企业资质

●资质等级以上建筑企业：743家。

④房屋建筑施工面积

●施工面积：2251.84万平方米，比上年下降3.5%。

⑤房屋竣工面积

●竣工面积：679.08万平方米，比上年下降15.3%。

8.房地产业

①房地产开发投资

●投资总额：403.09亿元，比上年下降10.3%。

其中：

◆住宅投资：281.74亿元，比上年下降6.2%；

◆办公楼投资：6.89亿元，比上年下降46.4%；

◆商业营业用房投资：61.94亿元，比上年下降31.5%。

②房屋施工面积

●施工面积：5936.59万平方米，比上年下降1.8%，其中住宅施工面积3789.29万平方米,比上年下降0.8%。

③房屋竣工面积

- 竣工面积:1011.05万平方米,比上年下降16.7%,其中住宅竣工面积718.11万平方米,比上年下降14.9%。

④商品房销售面积

- 销售面积:1009.55万平方米,比上年下降1.7%,其中住宅销售面积887.35万平方米,比上年下降0.1%。

⑤商品房销售额

- 销售:573.90亿元,比上年增长10.9%,其中住宅销售额498.51亿元,比上年增长18.5%。

9.旅游业*

①旅游人数

- 接待国内外游客:4011.02万人次,同比增长19.92%。

  其中:

  ◆国内游客:3998.45万人次,同比增长19.86%;

  ◆过夜入境旅游者:12.57万人次,同比增长42.52%。

②旅游收入

- 实现总收入:340.03亿元,同比增长15.00%。

③旅游景区

- "5A"级景区:4个。

- "4A"级景区:17个。

- "3A"级景区:42个。

- "2A"级景区:23个。

- "A"级景区:2个。

④旅游企业

- 旅行社:169家。

其中：

◆出境组团社：25家；

◆国内社：144家。

●星级农家乐：516家。

其中：

◆五星级：30家；

◆四星级：91家。

●星级旅游饭店：100家。

其中：

◆四星级：35家；

◆三星级：51家；

◆二星级：11家；

◆一星级：3家。

10.对外经济

① 对外贸易

●进出口总额：240.62亿元，比上年下降3.3%。

其中：

◆出口总额：148.92亿元，比上年下降17.3%；

◆进口总额：91.70亿元，比上年增长33.4%。

●货物贸易进出口差额：57.22亿元。

●对"一带一路"沿线国家和地区进出口总额：69.20亿元。

其中：

◆出口总额：51.31亿元，比上年下降20.6%；

◆进口总额：17.89亿元，比上年增长1.2倍。

② 经营主体进出口额及增幅

●非公有制企业进出口额：212.50亿元，比上年下降4.1%，占全区进出口总额的88.3%,其中出口130.04亿元,比上年下降18.4%;进口82.46亿元,比上年增长32.4%。

- 私营企业出口:112.16亿元,比上年下降17.4%。
- 外商投资企业出口:17.87亿元,比上年下降24.3%。

③**主要进出口地区及进出口额**

- 对欧盟进出口:27.58亿元,比上年下降17.5%。
- 对东盟进出口:14.76亿元,比上年下降36.6%。
- 对美国进出口:19.15亿元,比上年下降40.1%。
- 对香港进出口:41.92亿元,比上年增长96.7%。
- 对日本进出口:16.04亿元,比上年下降26.4%。
- 对俄罗斯进出口:2.31亿元,比上年下降27.3%。
- 对阿拉伯国家进出口:33.32亿元,比上年增长63.0%。

④**利用外资**

- 实际利用外商直接投资:2.51亿美元,比上年增长17.2%。
- 全年新设外商投资企业:25个,新签合同额52.12亿美元,其中租赁和商务服务业新设外商投资企业2个,合同额6亿美元。

11.固定资产投资

①**投资规模**

- 全社会固定资产投资比上年下降:11.1%。

  其中:
  - ◆基础设施投资比上年下降:11.2%;
  - ◆工业技术改造投资比上年增长:17.2%;
  - ◆房地产开发投资:403.09亿元,比上年下降10.3%。

②**投资产业**

- 第一产业投资比上年下降:8.2%。
- 第二产业投资比上年下降:3.9%。

- ●第三产业投资比上年下降:14.7%。

③投资行业

- ●采矿业投资比上年增长:3.9%。
- ●制造业投资比上年增长:10.8%。
- ●电力、热力、燃气及水的生产和供应投资比上年下降:26.0%。

资料来源

宁夏回族自治区统计局.宁夏回族自治区2019年国民经济和社会发展统计公报.2020-04-30.

*:宁夏回族自治区文化和旅游厅.2019年宁夏旅游经济发展统计公报.2020-02-28.

四、2019年宁夏社会发展现状

1.科学技术

①科研机构

- 国家级工程技术研究中心:3个。
- 自治区级工程技术研究中心:50个。
- 国家重点实验室:3个。
- 自治区重点实验室:32个。
- 国家级企业(集团)技术中心(含分中心):13个。
- 自治区级企业(集团)技术中心:69个。
- 自治区级产业技术协同创新中心:5个。
- 临床医学研究中心:25个。
- 自治区技术创新中心:218个。

②科技成果

- 自治区级科技成果:233项,比上年增长1.7%。

  其中:
  - ◆应用技术成果:167项;
  - ◆基础理论成果:53项;
  - ◆软科学成果:13项。

- 签订技术合同:1930项。
- 技术合同成交额:16.74亿元。

③专利成果

- 申请专利:9268件,下降5.8%。

- 申请发明专利：2524件，下降15.5%。
- 授权专利：5552件，下降1.8%。
- 授权发明专利：598件，下降19.6%。

2.教育

①各级各类学校及规模

- 各级各类学校：3439所（含小学教学点）。

  其中：

  ◆普通高校：19所；

  ◆成人高等学校：1所；

  ◆中等职业教育学校：29所；

  ◆普通中学：316所；

  ◆普通小学：1731所；

  ◆幼儿园：1329所；

  ◆特殊教育学校：14所。

- 教职工：108841人。
- 在校学生：2003091人。

  其中：

  ◆高校学生：142835人；

  ◆高中阶段学生：153403人；

  ◆初中阶段学生：298799人；

  ◆幼儿园：247838人。

- 学前教育毛入园率：86.35%。
- 小学学龄人口入学率：100.2%。
- 初中阶段毛入学率：115.5%。
- 高中阶段毛入学率：91.5%。
- 高等教育毛入学率：52.57%。

- ●小学六年巩固率:100.3%。
- ●初中三年巩固率:99.8%。

②党校教育

- ●举办各类主体班次:37期。
- ●各类主体班培训学员:2732人次。
- ●举办合作培训班:37期。
- ●合作培训学员:4286人次。

3.文化与体育

①文化建设

- ●各类艺术表演团体:14个。
- ●公共图书馆:27个。
- ●文化馆:27个。
- ●博物馆:75个。
- ●档案馆:28个。

②电视电话

- ●有线广播电视在册用户:108万户。
- ●有线数字电视在册用户:106.9万户。
- ●广播节目综合人口覆盖率:99.61%。
- ●电视节目综合人口覆盖率:99.88%。

③新闻出版

- ●出版图书:3220种。
- ●出版报纸:14种。
- ●出版期刊:37种。

④体育

- ●国家一级运动员:207人。
- ●国家二级运动员:530人。

- 国家一级裁判员:299人。
- 在国际国内比赛中取得金牌:39枚。
- 在国际国内比赛中取得银牌:34枚。
- 在国际国内比赛中取得铜牌:61枚。

4.卫生和社会服务

①卫生机构

- 医疗卫生机构:4395个,其中医院217个。
- 基层医疗卫生机构:4077个。

  其中:

  ◆卫生院:205个;

  ◆城市社区卫生服务机构:222个;

  ◆村卫生室:2173个。

- 专业公共卫生机构:90个。

  其中:

  ◆疾病预防控制中心:25个;

  ◆卫生监督机构:24个。

②医院床位

- 医疗卫生机构实有床位:40877张。

  其中:

  ◆医院:35324张;

  ◆基层医疗卫生机构:4099张。

③卫生技术人员

- 卫生技术人员:55346人。

  其中:

  ◆执业(助理)医师:20733人;

  ◆注册护士:24289人。

④**主要健康指标**

● 出生人口:9.49万人,出生率13.72‰。

● 死亡人口:3.93万人,死亡率5.69‰。

● 自然增长率:8.03‰。

⑤**医疗服务**

● 医疗卫生机构总诊疗:4365.55万人次。

● 医疗卫生机构入院达:123.28万人次。

⑥**社会服务**

● 各类提供住宿的社会服务机构:129个。

其中:

◆ 养老服务机构:107个;

◆ 儿童收养救助服务机构:7个。

● 社会服务床位(不包括社区床位数):19959张。

其中:

◆ 养老床位:17334张;

◆ 儿童服务床位:946张。

● 社区服务机构和设施:2662个。

其中:

◆ 社区服务中心:57个;

◆ 社区服务站:2047个。

5.人民生活

①**城乡居民收入支出**

● 全体居民人均可支配收入:24412元,增长9.0%。

● 城镇居民人均可支配收入:34328元,增长7.6%。

● 农村居民人均可支配收入:12858元,增长9.8%。

● 全区居民人均消费支出:18297元,增长9.5%。

- 城镇居民人均消费支出:24161元,增长9.9%。
- 农村居民人均消费支出:11465元,增长6.3%。

②脱贫富民

- 按照2300元/年贫困标准,全区农村贫困人口:1.88万人,比上年减少10.3万人。
- 贫困发生率:0.47%,比上年下降2.53个百分点。
- 生态移民人均可支配收入:8387元,比上年增长10.3%。

③城镇化建设

- 城镇化率:59.8%。
- 建成智慧城市管理系统:20个。
- 开建地下综合管廊:62.3公里。
- 改造老旧小区:59个。
- 改造棚户区:7507套。
- 新增停车泊位:7.4万个。
- 建成区绿地率:38%。
- 生活垃圾处理率:99%。
- 淘汰落后产能:408.6万吨。
- 排查整治"散乱污"企业:425家。
- 全区供水普及率:98.47%。
- 燃气普及率:89.98%。

④农村人居环境

- 建成美丽小城镇:20个。
- 建成美丽村庄:132个。
- 建成特色小镇:12个。
- 改造危窑危房:3.8万户。
- 新建卫生户厕:11.8万座。
- 新改建农村公路:1700公里。

6.社会保障

①就业

- 城镇新增就业：7.83万人。
- 农村劳动力转移就业：79.42万人。
- 城镇登记失业率：3.74%。
- 农民工总量：106.1万人，比上年增加5.6万人，增长5.6%。

  其中：
  - ◆外出农民工：82.7万人，比上年增加5.4万人；
  - ◆本地农民工：23.4万人，比上年增加0.2万人。

②养老保险

- 参加城镇职工基本养老保险：226.6万人，增加10.28万人。
- 参加城乡居民基本养老保险：194.66万人，增加13.29万人。
- 参加基本医疗保险：633.74万人，增加7.49万人。

  其中：
  - ◆参加城镇职工基本医疗保险：141.11万人，增加9.18万人；
  - ◆参加城乡居民基本医疗保险：492.63万人，减少1.69万人。
- 参加失业保险：97.36万人，增加5.39万人。
- 参加工伤保险：119.58万人，增加26.26万人。
- 参加生育保险：94.69万人，增加6.62万人。

7.资源、环境与生态

①资源与能耗

- 水资源总量：12.58亿立方米。
- 平均降水量：346毫米，下降11.05%。
- 总用水量：69.90亿立方米，增长5.64%。

其中：

◆ 生活用水：3.10亿立方米，下降6.17%；

◆ 工业用水：4.43亿立方米，增长1.91%；

◆ 农业用水：61.71亿立方米，增长9.61%。

● 万元地区生产总值用水量：207立方米，下降0.76%。

● 万元工业增加值用水量：38立方米，下降5.09%。

● 人均用水量：1011立方米，增长4.66%。

② 环境与生态

● 完成营造林面积：138.38万亩。

● 人工营造林面积：43.96万亩。

● 森林抚育面积：45.97万亩。

● 自然保护区：14个。

其中：

◆ 国家级自然保护区：9个；

◆ 自治区级自然保护区：5个。

● 五个地级市平均空气质量优良天数：321天，优良天数比例为87.9%。

● 细微颗粒（PM2.5）平均浓度：29微克/立方米，比上年下降3.3%。

● 可吸入颗粒物（PM10）平均浓度：66微克/立方米。

● 黄河干流宁夏段均为Ⅱ类良好水质达：100%。

● 地表水达到或好于Ⅲ类水体比例：80.0%。

8.安全生产

● 发生生产经营性安全事故：222起，比上年下降8.3%。

● 造成死亡人数：172人，比上年下降8.5%。

● 亿元GDP生产安全事故死亡人数：0.046人，下降6.1%。

● 道路交通万车死亡率：2.032，下降5.57%。

- 煤矿百万吨死亡人数:0.040人,下降65.2%。

9.党风廉政建设

- 查处形式主义、官僚主义问题:215件。
- 问责处理:438人。
- 给予党纪政务处分:168人。
- 查处违反中央八项规定精神问题:264件。
- 问责处理:341人。
- 给予党纪政务处分:202人。

10.司法与检察

①法院执法
- 受理各类案件:28.3万件,同比上升17.3%。
- 审(执)结各类案件:25.2万件,同比上升15.4%。

②检察院执法
- 批准和决定逮捕各类犯罪嫌疑人:5581人。
- 提起公诉:9944人。
- 公益诉讼立案:785件。

资料来源

[1]咸辉.2020年1月11日在宁夏回族自治区第十二届人民代表大会第三次会议上作的政府工作报告.

[2]宁夏回族自治区统计局.宁夏回族自治区2019年国民经济和社会发展统计公报,2020-04-30.

[3]宁夏日报,2020-01-01.

[4]宁夏日报,2020-01-14.

[5]宁夏日报,2020-01-19.

五、2020年全国和西部12省市(区)经济社会发展预期目标

1. 2020年全国经济社会发展预期目标

解决城镇新增就业900万人以上,城镇调查失业率6%左右,城镇登记失业率5.5%左右;居民消费价格涨幅3.5%左右;进出口促稳提质,国际收支基本平衡;居民收入增长与经济增长基本同步;现行标准下农村贫困人口全部脱贫、贫困县全部摘帽;重大金融风险有效防控;单位国内生产总值能耗和主要污染物排放量继续下降,努力完成"十三五"规划目标任务。

2020年赤字率拟按3.6%以上安排,财政赤字规模比上年增加1万亿元,同时发行1万亿元抗疫特别国债。新增减税降费约5000亿元。全年为企业新增减负超过2.5万亿元。降低工商业电价5%政策延长到今年年底。宽带和专线平均资费降低15%。大型商业银行普惠型小微企业贷款增速要高于40%。今年高校毕业生达874万人,要促进市场化社会化就业,高校和属地政府都要提供不断线的就业服务。做好退役军人安置和就业保障。实行农民工在就业地平等享受就业服务政策。帮扶残疾人、零就业家庭等困难群体就业。我国包括零工在内的灵活就业人员数以亿计,今年对低收入人员实行社保费自愿缓缴政策,涉及就业的行政事业性收费全部取消。资助以训稳岗,今明两年职业技能培训3500万人次以上,高职院校扩招200万人,要使更多劳动者长技能、好就业。扩大有效投资。今年拟安排地方政府专项债券3.75万亿元,比去年增加1.6万亿元,提高专项债券可用作项目资本金的比例,中央预算内投

资安排6000亿元。重点支持既促消费惠民生又调结构增后劲的"两新一重"建设,主要是:加强新型基础设施建设,发展新一代信息网络,拓展5G应用,建设充电桩,推广新能源汽车,激发新消费需求、助力产业升级。加强新型城镇化建设,大力提升县城公共设施和服务能力,以适应农民日益增加的到县城就业安家需求。新开工改造城镇老旧小区3.9万个,支持加装电梯,发展用餐、保洁等多样社区服务。加强交通、水利等重大工程建设。增加国家铁路建设资本金1000亿元。

2. 2020年西部12省市(区)经济社会发展预期目标

2020年云南省经济社会发展预期目标

云南省2020年经济社会发展的主要预期目标:全省地区生产总值增速高于全国平均水平,固定资产投资增长10%以上,地方一般公共预算收入增长2%,城镇调查失业率控制在5.5%左右,居民消费价格涨幅3.5%左右,现行标准下农村贫困人口全部脱贫、贫困县全部摘帽。

2020年贵州省经济社会发展预期目标

贵州省2020年主要预期目标:现行标准下农村贫困人口全部脱贫、贫困县全部摘帽,脱贫成果全面巩固提升;地区生产总值增长8%左右;一般公共预算收入增长2%;万元地区生产总值能耗降低2.97%,森林覆盖率达到60%,县城以上城市空气质量优良天数比率保持95%以上;常住人口城镇化率达到50%;城镇新增就业75万人,城镇、农村常住居民人均可支配收入分别增长9%左右和10%左右,居民消费价格涨幅控制在3.5%左右。

2020年四川省经济社会发展预期目标

四川省2020年年全省经济社会发展主要预期目标:地区生产总值增速比全国高2个百分点左右,居民消费价格涨幅4.5%左右,环境保护和节能减排完成国家下达的任务。坚决打赢脱贫攻坚战,要尽锐出战、全力冲刺,努力破解疫情带来的新困难,确保剩余的7个县摘帽、300个村退出、20万人脱贫。推动基础设施等重点领域补短板三年行动,加大

5G网络、大数据中心等新型基础设施投资力度,抓好700个重点项目建设,加强重大项目争取和储备。基本建成天府国际机场,同步推进"两场一体"运营筹备。建成成宜、攀枝花至云南大理等高速公路,实现高速公路通车里程突破8000公里。

2020年重庆市经济社会发展预期目标

重庆市2020年经济社会发展的主要预期目标:地区生产总值增长6%;固定资产投资增长6%左右,社会消费品零售总额增长7.5%左右,进出口稳中提质;城镇新增就业60万人以上,城镇调查失业率5.5%左右;居民消费价格涨幅3.5%左右;居民收入增长与经济增长基本同步;现行标准下农村贫困人口全部脱贫;节能减排降碳完成国家下达任务。

2020西藏自治区经济社会发展预期目标

西藏自治区2020年经济社会发展主要预期目标:全区生产总值增速保持在9%左右,地方财政收入增长3%左右,社会消费品零售总额增长10%;城镇居民人均可支配收入增长10%,农村居民人均可支配收入增长13%,居民消费价格涨幅控制在3.5%左右,城镇登记失业率控制在3.6%以内,城镇调查失业率控制在5.5%以内,城镇新增就业5万人;能耗、碳排放强度和污染减排指标控制在国家核定范围内,地级城市空气质量优良天数比率保持在98%以上。

2020年陕西省经济社会发展预期目标

陕西省2020年经济社会发展主要预期目标:生产总值增长6.5%左右,财政收入增长3%左右,城镇新增就业38万人,城镇调查失业率和登记失业率分别控制在5.5%、4.5%以内,城乡居民人均可支配收入分别增长7%左右和8%左右,CPI涨幅3.5%左右。

2020年甘肃省经济社会发展预期目标

甘肃省2020年经济社会发展主要预期目标:实现剩余17.5万贫困人口脱贫,8个贫困县摘帽退出,务必确保如期全面完成脱贫攻坚任务;单位生产总值能耗和主要污染物排放完成国家下达的控制目标,生态环境质量持续改善提升。生产总值增长6%,在实际工作中力求取得更好结果;固定资产投资增长6%以上,社会消费品零售总额增长7%,一般公共预算收入同口径增长5%;十大生态产业增加值占生产总值比重达到28%;城镇、农村常住居民人均可支配收入分别增长7%左右和8%左右;城镇新增就业34万人,城镇登记失业率控制在4.5%以内;居民消费价格指数涨幅控制在3.5%左右。

2020年青海省经济社会发展预期目标

青海省2020年经济社会发展主要预期目标:一是地区生产总值增长6.0%~6.5%。发展支撑类指标中,固定资产投资增长7%,社会消费品零售总额增长7%,一产增加值增长4.6%,规上工业增加值增长6.5%,地方一般公共预算收入与地区生产总值同步增长。二是全省空气质量优良天数比例稳定在85%以上,主要城市达到82%以上,湟水河出省断面稳定保持Ⅳ类水质、Ⅲ类水质占比达到50%以上。同时,国控断面地表水水质优良率90%以上,三大江河水质优良率100%,青海湖、龙羊峡等重点湖库水质保持优良稳定,节能降碳减排控制在国家规定目标以内。三是全体居民人均可支配收入增长持续高于经济增速。着力促就业、稳物价,新增城镇就业6万人,农牧区劳动力转移就业105万人次,城镇登记失业率控制在3.5%以内,居民消费价格涨幅控制在3.5%左右。四是清洁能源装机容量占比达90%以上,化肥农药减量增效试点面积300万亩,再建10个美丽城镇和300个高原美丽乡村,全省60%的县(市、区)建成全国民族团结进步示范地区,让大美青海特色进一步彰显。

2020年新疆维吾尔自治区经济社会发展预期目标

新疆维吾尔自治区2020年经济社会发展主要预期目标:地区生产总值增长5.5%左右,全社会固定资产投资增长5%左右,社会消费品零售总额增长5.5%左右,进出口贸易总额增长5%左右,一般公共预算收入增长3%左右,城乡居民人均可支配收入分别增长6%左右、7.5%左右,居民收入增长与经济增长基本同步;城镇新增就业45万人以上,城镇登记失业率4.5%以内、城镇调查失业率5.5%以内,居民消费价格涨幅控制在3%左右,现行标准下剩余的农村贫困人口全部脱贫、贫困县全部摘帽,生态环境进一步改善,单位地区生产总值能耗下降1.2%,主要污染物排放量指标控制在国家下达指标内。

2020年广西壮族自治区经济社会发展预期目标

广西壮族自治区2020年经济社会发展主要预期目标:地区生产总值增长6.0%~6.5%,财政收入增长5%,规模以上工业增加值增长6%,固定资产投资增长9%,社会消费品零售总额增长7%,外贸进出口总额增长8%;居民人均可支配收入实际增长6%,城镇登记失业率控制在4.5%以内,居民消费价格涨幅3.7%左右,现行标准下剩余的农村贫困人口全部脱贫、贫困县全部摘帽;节能减排降碳控制在国家下达目标内。

2020年内蒙古自治区经济社会发展预期目标

内蒙古自治区2020年经济社会发展主要预期目标:地区生产总值增长6%左右;城镇新增就业22万人以上;城镇调查失业率5.5%左右,登记失业率4.5%以内;居民消费价格涨幅3.5%左右;居民收入增长与经济增长基本同步。

2020年宁夏回族自治区经济社会发展预期目标

宁夏回族自治区2020年经济社会发展主要预期目标:地区生产总值增长6.5%左右,地方一般公共预算收入增长2%以上,社会消费品零售总额增长6%左右,城镇和农村常住居民人均可支配收入分别增长7%和7.5%,居民消费价格涨幅控制在3%左右,城镇调查失业率控制在5.5%以内,万元生产总值能耗下降3%左右,主要污染物排放完成国家下达任务。完成自治区确定重点项目80个,投资500亿元以上。大力实施120万吨煤制烯烃、41万吨锂电材料、日产2000吨高端液态奶等重大产业项目,着力推进包银高铁、中兰高铁、宝中铁路中宁至固原段扩能、银昆高速太阳山至彭阳段等重大交通项目,加快建设固海扩灌更新改造、清水河流域城乡供水、引黄灌区绿网提升等农林水项目,切实抓好宁夏美术馆、银川中医院等社会民生项目,以项目大建设助推经济大发展。全年招商引资实际到位资金增长10%。

资料来源

[1]李克强.2020年政府工作报告.(中国政府网),2020-5-22.

[2]阮成发.2020年云南省政府工作报告.(云南政府网),2020-5-14.

[3]谌贻琴.2020年贵州省政府工作报告.(贵州日报),2020-3-2.

[4]尹 力.2020年四川省政府工作报告.(四川新闻网),2020-5-15.

[5]唐良智.2020年重庆市政府工作报告.(重庆市政府网),2020-1-11.

[6]齐扎拉.2020年西藏自治区政府工作报告.(西藏政府网),2020-1-8.

[7]刘国中.2020年陕西省政府工作报告.(陕西传媒网),2020-1-16.

[8]唐仁健.2020年甘肃省政府工作报告.(中国甘肃网),2020-1-16.

[9]刘 宁.2020年青海省政府工作报告.(青海新闻网),2020-1-24.

[10]雪克来提·扎克尔.2020年新疆维吾尔自治区政府工作报告.(新疆日报),2020-1-12.

[11]陈 武.2020年广西壮族自治区政府工作报告.(当代广西网),2020-1-19.

[12]布小林.2020年内蒙古自治区政府工作报告.(内蒙古政府网),2020-1-20.

[13]咸 辉.2020年宁夏回族自治区政府工作报告.(宁夏政府网),2020-1-11.

专题数据篇

一、辉煌七十载　奋进新时代
——新中国成立70周年宁夏经济社会发展成就展示

2019年,是中华人民共和国成立70周年。七十年波澜壮阔,七十载沧桑巨变。中华人民共和国成立70年,特别是改革开放以来,在党中央的亲切关怀下,宁夏回族自治区党委和政府带领全区各族人民高举中国特色社会主义伟大旗帜,团结一心,艰苦奋斗,克服了前进道路上的种种困难,取得了经济社会发展的辉煌成就。党的十八大以来,在以习近平同志为核心的党中央坚强领导下,全区上下坚决贯彻落实新发展理念,按照高质量发展要求,大力实施创新驱动、脱贫富民、生态立区"三大战略",振奋精神,实干兴宁,国民经济较快发展,综合实力大幅增强,产业结构优化升级,生态环境明显改善,民生福祉显著提升,社会事业全面发展,为实现"经济繁荣、民族团结、环境优美、人民富裕,确保与全国同步建成全面小康社会"奠定了坚实的基础。

1. 综合实力实现历史性跨越

70年来,宁夏坚定不移贯彻党中央各项决策部署,抓好发展第一要务,经济规模由小到大,经济实力由弱到强,取得了历史性成就、发生了历史性变化、实现了历史性跨越。

(1)经济总量迈上新台阶。中华人民共和国成立初期,宁夏经济基本处于一穷二白的局面,经过70年的建设和发展,发生了翻天覆地的变化。1949年,宁夏地区生产总值仅1.13亿元,1993年突破100亿元,2008年突破1000亿元。2018年达到3705.18亿元,是1949年的3279倍(按当年价格计算,下同),年均增长9.6%;是宁夏回族自治区成立初期1958年的1130倍,年均增长8.9%;是改革开放初期1978年的285倍,年均增长9.7%,比全国高0.3个百分点。党的十八大以来年均增长8.1%,比全国高1.1个百分点。

（2）人均生产总值大幅提升。宁夏人均地区生产总值从1949年的94元，1958年的176元，提高到1978年的370元。2018年达到54094元（约合8175美元），是1949年的575倍，年均增长6.9%；是1958年的307倍，年均增长6.6%；是1978年的146倍，年均增长7.9%。

（3）财政实力显著增强。1950年，宁夏地方财政收入仅有0.11亿元，1958年宁夏回族自治区成立时增加到0.58亿元，1978年增加到3.16亿元。2018年达到436.5亿元，是1950年的3968倍，年均增长13.0%；是1978年的138倍，年均增长13.1%。财政支出重点投向民生领域。1950年宁夏地方财政支出0.05亿元，1958年支出1.24亿元，1978年支出5.78亿元。党的十八大以来，宁夏地方财政累计支出7107.8亿元，七成以上支出用于民生事业。

2.经济结构实现历史性转变

70年来，宁夏坚持把扩大总量与结构调整并重，产业结构不断优化，非公有制经济发展壮大，城乡一体化加快推进，高质量发展成效显现。

（1）三次产业结构不断优化。中华人民共和国成立初期，宁夏农业居主要地位，工业几乎是空白，服务业发展水平低，1949年三次产业比重为84.1∶3.5∶12.4。1958年宁夏回族自治区成立时，三次产业比重调整为55.8∶19.8∶24.4。自治区成立后，随着国家"三线"建设的实施，第二产业比重大幅提升，三次产业结构比重调整为23.5∶50.8∶25.7。改革开放以来，宁夏加快了产业结构调整步伐，在促进第一、第二产业持续稳定发展的同时，第三产业得到长足发展，产业结构不断优化。2018年三次产业结构调整为7.6∶44.5∶47.9，第三产业比重比1978年提高22.2个百分点。

（2）非公有制经济发展壮大。改革开放拉开了所有制改革的序幕，经过40多年的发展，形成了以公有制经济为主体，多种所有制经济共同发展的良好局面。2017年，宁夏非公有制经济占全区经济总量的

49.2%，比2013年提高2.34个百分点，对全区经济增长的贡献率达到53.2%；非公有制法人单位8.42万户，占全区全部法人单位数的93.0%；非公有制法人单位从业人员127.28万人，占全部法人单位从业人员的77.3%。非公有制经济在稳增长、促创新、增就业、惠民生等方面发挥了重要作用。

(3)城乡一体化加快推进。城镇化步伐不断加快。通过行政区划调整，新设地级吴忠市、固原市、中卫市，实现山川互济，城乡统筹，倾力打造银川都市圈，城镇化水平快速提高。2012年，城镇化率超过50%，2018年达到58.88%。城市形象显著提升。完成了一大批水、电、路、气、暖、通讯等基础设施工程和环境保护工程，城市的集聚和辐射功能显著增强，建成了一大批高水准的居民生活小区，城镇人均住房面积从1978年的4.5平方米增加到2018年的33.98平方米。

(4)高质量发展成效显现。党的十八大、特别是近三年来，宁夏坚持以供给侧结构性改革为主线，加快推进高质量发展，经济发展正从量的扩张向质的提升转变。供给侧结构性改革取得实效。突出重点领域、重点行业、重点企业，深入推进"三去一降一补"，一些产业和企业焕发出了新的活力。一是煤炭、钢铁行业圆满完成去产能任务。二是商品房库存持续下降，2018年年末，商品房待售面积939.15万平方米，比2015年年末下降22.2%，去库存周期由17.3个月缩短至11个月。三是去杠杆效果显现，规模以上工业企业资产负债率从2015年的67.6%降至2018年的66.4%。四是企业成本不断降低，2018年，规模以上工业企业每百元主营业务收入中的成本为83.43元，比2015年降低2.83元，比全国低0.45元。五是短板领域投资力度加大，2016~2018年，生态保护和环境治理业投资年均增长58.3%，卫生投资年均增长27.2%，教育投资年均增长10.8%。企业效益不断提升。2018年，宁夏规模以上工业实现主营业务收入4305.6亿元，9个行业主营业务收入超过百亿元；利润总额174.2亿元，是2000年的39.6倍，是2012年的1.3倍；全员劳动生产率达到34.8万元/人，比2000年和2012年分别提高31.8万元/人和8.9万元/人。新兴动能加快成长。党的十八大以来，宁夏加快实施创新驱动战略，大众创业、万众创新蓬勃兴起，新产业、新业态、新商业模式快速发展。一是新兴制造业快速发展。2018年，宁夏煤化工行业增加值同比增长19.3%，对规模以上工业增加值增长的贡献率达到16.2%，专用设备制造业增长22.5%，仪器仪表制造业增长13.1%。技术含量较高的新产品快速增长，煤制柴油产量增长87.3%，仪器仪表增长46.6%，数控金属切削机床增长18.2%。二是以"互联网+"为代表的新服务较快发展。2018年，宁夏规模以上互联网、相关服务软件和信息技术服务业营业收入增长52.8%，快递业务量增长82.0%，互联网宽带接入用户增长36.4%，移动互联网接入流量增长1.5倍。三是新市场主体不断涌现。"放管服"改革持续推进，2018年，政务服务事项网上可办率达80.4%，企业开办时间由平均20个工作日压缩到5个工作日，每天新注册市场主体近300家。

3.供给能力实现历史性提升

70年来，宁夏特色优势农业快速发展，农产品供给能力大幅提高；新型工业化步伐加快，工业整体实力显著增强；服务业发展充满活力，对经济社会发展的支撑和带动作用不断凸显，一个现代化的生产体系正在形成。

（1）特色优势农业快速发展。宁夏坚决贯彻党中央一系列"三农"改革重大举措，着力提高农业综合生产能力，"1+4"特色优势产业加快发展，走出了一条具有宁夏特色的现代农业发展道路。2018年第一产业增加值达到279.85亿元，是1949年的295倍，年均增长4.9%；特色优势产业产值占农林牧渔业总产值比重达到86.7%。粮食产量大幅增长。宁夏粮食产量由1949年的31.92万吨，增加到2018年392.58万吨，创历史新高，人均粮食产量573公斤，居全国前列。

（2）工业整体实力显著增强。中华人民共和国成立之初，宁夏工业几乎空白。70年来，宁夏人民经过艰苦创业，逐步建立了一个以煤炭、电力、化工、冶金、机械、建材、食品和纺织工业为主体的具有地方特色的工业体系,工业化进程不断加快,工业成为国民经济的主导力量。工业增加值从1949年的0.04亿元增加到1958年的0.44亿元、1978年的5.59亿元,2018年达到1124.50亿元,分别是1949年、1958年、1978年的2.8万倍、2556倍和201倍,年均增长14.0%、11.9%和10.6%。2018年,工业增加值占地区生产总值的比重达到30.3%,比1949年提高26.8个百分点。企业集聚效应不断增强。一是工业园区成为工业经济发展的重要载体。2018年年末,全区22个工业园区集中了60%的规模以上工业企业,创造了72.9%的工业产值。宁东能源化工基地建成全球单套规模最大的煤制油项目,已经成为国内一流的能源化工基地、国家重要的大型煤炭基地、国家西电东送火电基地、国家煤化工产业基地。二是重点产业快速发展。2018年,煤炭、电力、化工等行业增加值占全区规模以上工业增加值的63.7%。特色医药、煤化工、生物制药、新材料、装备制造、新能源等新兴产业快速发展,工业经济正朝着结构优化、产业升级、动力转换、方式转变的高质量方向发展。

(3)第三产业发展迅速。中华人民共和国成立后相当长一个时期,宁夏第三产业发展相对缓慢,第三产业增加值仅从1949年的0.14亿元,增加到1978年的3.33亿元。改革开放以来,随着经济社会的进一步发展,工业化、城镇化进程加快,人民生活水平日益提高,有力促进了第三产业的快速发展。2018年,第三产业增加值达到1775.07亿元,分别是1949年、1978年的1.27万倍和533倍,70年年均增长10.8%,高于地区生产总值年均增速1.2个百分点。第三产业增加值占地区生产总值的比重达到47.9%,对经济增长的贡献率为49.6%,成为推动经济增长的主动力。

4.三大需求实现历史性突破

70年来,宁夏抢抓机遇,着力扩大投资、消费、进出口等需求,投资拉动作用明显,市场消费规模扩大,对外开放纵深拓展,为经济持续健康发展奠定了坚实基础。

（1）投资规模不断扩大。中华人民共和国成立以来，宁夏进行了大规模的投资建设，发展基础进一步增强。特别是改革开放以来，通过改革投资体制、调整投资结构、拓展投资渠道，促进投资较快增长，成为拉动经济"三驾马车"中的主要动力。1958~2018年，累计完成全社会固定资产投资2.99万亿元，年均增长18.0%，先后于1998年过百亿、2009年过千亿。党的十八大以来，各投资领域逐步向社会资本开放，投资领域形成了投资主体多元化、投资资金多渠道、投资建设市场化、投资管理科学化的格局，2013~2018年，累计完成全社会固定资产投资1.89万亿元。一是民间投资日趋活跃。改革开放特别是党的十八大以来，宁夏进一步破除民间资本进入的壁垒，不断完善市场准入负面清单，支持引导民间资本进入自治区重大战略及补短板领域项目，民间投资日趋活跃。2013~2018年，累计完成民间投资1.04万亿元，占全区固定资产投资的比重由2013年的53.8%提升至2018年的57.4%，成为拉动固定资产投资增长的重要力量。二是工业投资结构优化。70年来，工业投资始终是拉动全区固定资产投资增长的主体。1958~2018年，累计完成工业投资1.3万亿元，占同期全区固定资产投资的比重为43.6%。党的十八大以来，工业技改投资力度持续加大，2017年和2018年，工业技改投资增速连续两年超过15%；制造业投资稳步增长，2013~2018年，制造业投资年均增长6.7%，高于同期全区工业投资平均增速1.5个百分点；高耗能投资比重回落，2018年，六大高耗能投资占全区固定资产投资的比重为23.5%，比2012年回落6.3个百分点。三是房地产开发投资较快增长。改革开放以来，宁夏房地产业迅速崛起，1995~2018年，房地产开发累计投资5452.45亿元，年均增长23.2%，占同期全区固定资产投资的比重达到18.5%，商品房销售面积从28万平方米增加到1026.5万平方米。

（2）消费市场繁荣稳定。从宁夏回族自治区成立到改革开放前，宁夏社会消费品零售总额从1958年的1.52亿元增加到1978年的5.04亿元。改革开放后，宁夏商品供应由短缺匮乏、种类单一向供给充裕、品种繁多转变,流通规模不断扩大。2018年,宁夏社会消费品零售总额935.75亿元,是1958年的616倍、1978年的186倍。一是消费结构发生新的变化。2013~2018年,宁夏限额以上企业商品零售额中,汽车类占33.5%,石油及其制品类占19.1%,中西药品类占9.3%。二是网络购物成为新风尚。随着网络技术的发展进步,支付宝、微信等快捷支付方式迅速兴起,进一步释放了居民消费能力。2016~2018年,宁夏网买零售额分别为150.2亿元、236.7亿元、322.0亿元,年均增长40.0%;同期网卖零售额分别为16.6亿元、45.2亿元、85.4亿元,年均增长65.8%。

(3)对外开放不断扩大。1958年宁夏回族自治区成立之初,进出口总额仅有704万美元,经过20年的发展,1978年增加到2962万美元。改革开放后,宁夏抓住中国加入世界贸易组织的新机遇,加快对外开放步伐,2006年进出口总额突破10亿美元。党的十八大以来,随着"一带一路"建设和西部大开发战略的深入推进,宁夏利用举办中阿博览会、建设内陆开放型经济试验区和银川综合保税区的重大机遇,全力打造丝绸之路经济带战略支点,对外贸易进入快速发展轨道。2018年,进出口总额达到37.81亿美元,是1958年的537倍,年均增长11.0%。宁夏的贸易往来也由最初的港澳地区逐步扩大到2018年的180多个国家和地区。2018年,对亚洲出口96.6亿人民币,对欧洲出口34.0亿人民币,对北美出口9.9亿人民币,对"一带一路"国家和地区出口65.1亿人民币。利用外资规模不断扩大,从1985年到2018年,宁夏累计利用外商直接投资22.61亿美元,其中,党的十八大以来,累计利用外商直接投资12.0亿美元,占全部利用外商直接投资的53.1%。

5. 基础设施实现历史性飞跃

70年来,宁夏持续加大对基础设施建设的投入,交通、邮电、能源等基础设施和基础产业发展迅速,为经济迈上新台阶打下了坚实基础。

(1)交通运输能力明显提升。建成了"三纵六横"公路网络,实现了县县通高速、乡镇通油路、村村通公路,成为西部第2个实现县县(区)通高速公路的省份。2018年年末，宁夏铁路营业里程、公路通车里程分别达到1059.9公里、35405.24公里，是1978年的2.94倍和13.2倍；高速公路里程达到1678.34公里。银西高铁明年即将通车，银中高铁进入联调联试阶段，包银高铁开始规划建设。银川国际航空港综合交通枢纽基本建成。

（2）邮电通信业迅猛发展。随着互联网的普及，邮政电信业成为改革开放以来发展最快的基础产业之一。固定电话由1958年的0.23万户增加到2018年的55.4万户；移动电话从1993年的1400户增加到2018年的881万户；电话普及率达到每百人137.3部；互联网宽带接入用户从2012年的60.91万户增加到2018年的217万户，年均增长23.6%。

（3）能源供给能力由弱变强。电力装机容量从1958年的0.8万千瓦提高到2018年的4714.8万千瓦；发电量从1958年的0.11亿千瓦时提高到2018年的1609.97亿千瓦时。建成宁夏到山东和浙江的特高压外送电通道，截至2018年年末，累计外送电2960.1亿千瓦时。2018年，水电、风电、太阳能等清洁能源发电量294.1亿千瓦时，占工业发电量比重达到18.3%。

6.人民生活实现历史性改善

70年来，宁夏始终贯彻以人民为中心的发展思想，增进人民福祉，实现人民幸福，使全区人民在共建共享中有更多获得感幸福感安全感。

（1）居民收入显著提高。从宁夏回族自治区成立到改革开放的20年中，宁夏城乡居民人均可支配收入从1957年的216元和102元，增加到1978年的346元和116元，城乡居民生活徘徊在温饱线上。改革开放之后，随着经济的快速发展，分配体制的改革，收入渠道的拓宽，城乡居民收入明显增加，分别于2007年和2017年突破万元。党的十八大以来，宁夏党委和政府把增进民生福祉放在更加突出位置，让经济发展和改革的成果充分惠及民生。城乡居民人均可支配收入从2012年的19507元、6776元增加到2018年的31895元和11708元。

（2）居民就业更加充分。1949年中华人民共和国成立时,宁夏就业人员为44.01万人,经过70年发展,到2018年达到380.93万人,占总人口的55.4%,比1949年提高18.6个百分点,比1978年提高17.3个百分点。党的十八大以来,大众创业、万众创新深入推进,2013~2018年累计新增城镇就业46.97万人,城镇登记失业率由2012年的4.18%回落到2018年的3.89%。就业结构不断优化,三次产业就业结构从1978年的69.5∶18.6∶11.9调整为2018年的39.4∶17.0∶43.6,第三产业就业比重明显上升。

（3）居民消费水平明显提升。随着城乡居民收入的不断提升,居民消费观念和消费结构发生巨大变化。城镇居民人均生活消费支出从1978年的300元提高到2018年的21977元,年均增长11.3%;农村居民人均生活消费支出从1978年的90.7元提高到2018年的10790元,年均增长12.7%。恩格尔系数持续回落,居民消费水平和生活质量明显提高。2018年,城乡居民每百户拥有家用汽车分别达到42.8辆和32.0辆。

（4）脱贫攻坚成效显著。1982年,宁夏贫困人口为119.3万人,占总人口的30.4%,经过30多年的闽宁合作和造血式、开发式扶贫,到2012年贫困人口减少到91.35万人,占人口的比重回落到14.1%。党的十八大以来,宁夏按照到2020年实现"两不愁三保障"的目标,把打赢脱贫攻坚战作为民生工作的重中之重,狠抓精准扶贫、精准脱贫,贫困人口减少到2018年的12.0万人,贫困发生率回落到3.0%。盐池县、隆德县、泾源县和彭阳县已实现脱贫摘帽。

（5）社会保障逐步健全。改革开放前,宁夏初步建立了养老、医疗、工伤等社会保险体系。改革开放、特别是党的十八大以来,社会保障覆盖范围不断扩大,保障标准逐步提高,社会保障安全网越织越大、越织越密。2018年年末,宁夏参加城镇职工基本养老保险人数216.32万人,参加城乡居民基本养老保险人数181.37万人,参加基本医疗保险人数626.25万人,9.74万人享受城市居民最低生活保障,36.54万人享受农村居民最低生活保障。

7.社会事业实现历史性进步

70年来,宁夏高度重视社会事业发展,持续加大公共服务投入力度,科技、教育、文化、卫生、生态文明建设等事业取得长足进步,基本公共服务水平和保障能力显著提升。

(1)科技事业发展壮大。中华人民共和国成立以来,宁夏科技事业迅速发展,特别是改革开放以来,"科教兴宁""人才强区""创新驱动"战略深入实施,科技创新已成为宁夏未来发展的核心竞争力。2018年,全社会科技研发经费支出总额达到45.58亿元,研发投入强度从2000年的0.59%提高到2018年的1.23%,再创新高。科技成果不断显现。2018年,全区登记自治区级科技成果229项,申请专利量9839件,专利授权量5656件。400万吨煤制油项目突破了37项重大技术,并成功产出油品,项目国产化率达到98.5%,打破了国外对煤制油核心技术的长期垄断。

(2)教育事业全面进步。中华人民共和国成立之初,宁夏教育事业十分薄弱。改革开放、特别是党的十八大以来,宁夏形成学前教育、义务教育、高中阶段教育与高等教育相互衔接,普通教育、职业教育、继续教育相互协调,结构完善,功能齐全,基本满足人民群众教育需求的教育体系,义务教育均衡发展水平居西部前列。2018年,宁夏拥有各类各级学校3456所;高中阶段毛入学率、高等教育毛入学率分别达到89.71%和49.50%;小学六年巩固率达到99.86%,初中三年巩固率达到97.72%。在全国率先实施"营养早餐工程"和"营养午餐"行动计划,每年惠及贫困地区学生26万人左右。宁夏大学进入"211工程",成为全国重点大学。

(3)文化事业蓬勃发展。中华人民共和国成立以来,宁夏立足区情,突出特色,文化事业蓬勃发展。2018年年末,全区广播节目综合人口覆盖率达到98.98%;电视节目综合人口覆盖率达到99.79%;文化系统共有艺术表演团体14个,博物馆75个,公共图书馆27个,文化馆27个,高标准建成一批乡镇综合文化站,实现贫困村综合文化服务中心全覆盖。党的十八大以来,宁夏各类优秀文艺作品在国家级各类文艺活动中斩获奖项73个。

（4）医疗卫生水平持续提升。经过70年的发展，宁夏医疗保健水平不断提高，公共卫生体系逐步健全，群众看病就医更加便捷。党的十八大以来，宁夏深入推进综合医改，建立五级远程医疗服务体系，医保支付制度改革成为国家医改亮点，住院费用个人负担比例从2009年的58.8%回落至2018年的39.0%。健康中国战略全面推进，人均预期寿命达到75.33岁。不断推动医疗卫生资源下沉共享，县域内住院就诊率达84.0%。成为全国首个"互联网+医疗健康"示范区，医疗卫生云平台、远程会诊实现自治区全覆盖，走在西部前列。宁夏医科大学总医院进入全国百强医院。

（5）生态环境显著改善。宁夏回族自治区成立以来，历届党委和政府高度重视生态文明建设，通过防沙治沙、节能减排和应对气候变化等重大生态建设，不断改善生态环境。特别是党的十八大以来，宁夏认真贯彻落实"绿水青山就是金山银山"的新发展理念，坚持实施生态立区战略，筑牢西北地区重要的生态安全屏障。2018年，宁夏森林覆盖率提高到14.6%；五个地级城市环境空气质量平均优良天数为277天，优良天数比例为75.9%；地表水达到或好于Ⅲ类水体比例为73.3%，黄河宁夏段Ⅱ类良好水质以上断面达100%；2018年末，宁夏建成国家级自然保护区9个。

七十年成就来之不易，七十年探索砥砺前行。站在新的历史起点上，我们要更加紧密团结在以习近平同志为核心的党中央周围，不忘初心、牢记使命，振奋精神、实干兴宁，努力实现"经济繁荣、民族团结、环境优美、人民富裕，确保与全国同步建成全面小康社会"的目标，为"建设美丽新宁夏、共圆伟大中国梦"而努力奋斗！

资料来源

徐秀梅.辉煌七十载　奋进新时代——新中国成立70周年宁夏经济社会发展成就展示.2019年10月.作者：宁夏回族自治区统计局党组书记，局长.

二、2019年宁夏脱贫攻坚报告

宁夏既是少数民族地区,也是全国集中连片扶贫开发重点省区之一。2019年,宁夏原州、海原、同心、红寺堡4县(区)脱贫摘帽,109个村脱贫出列,10.3万贫困人口实现脱贫,贫困发生率由3%下降到0.47%,脱贫攻坚战迈出了关键性步伐。

党的十九届四中全会提出坚决打赢脱贫攻坚战,巩固脱贫攻坚成果,建立解决相对贫困的长效机制。2019年,自治区党委十二届八次、九次全会提出,全面学习贯彻党的十九届四中全会和习近平总书记视察宁夏时的重要讲话精神,坚持"三个进一步",担当新使命;守好"三条生命线",走出一条新路子;始终抓好"三个着力"重点,坚决打赢三大攻坚战,持续实施三大战略,大力实施脱贫富民战略,脱贫攻坚迈出了关键性步伐。

(一)宁夏脱贫攻坚现状分析

2019年,宁夏中南部贫困地区脱贫攻坚取得了关键性成果,4个贫困县(区)有望脱贫摘帽,农民收入快速增长,脱贫攻坚与生态移民迁出区生态修复取得双赢。

1.宁夏脱贫攻坚基本情况

宁夏中部干旱带和南部山区合称为中南部地区,是集革命老区、民族地区和贫困地区于一体的特殊困难地区,被国家确定为六盘山集中连片特困地区,包括原州区、西吉县、隆德县、泾源县、彭阳县、海原县、同心县、盐池县、红寺堡区9个国家级扶贫开发重点县(区),既是我国14个集中连片特殊困难地区之一,也是宁夏脱贫攻坚的主战场。

(1)宁夏中南部地区贫困状况分析

宁夏中南部贫困地区从全国来看,贫困区域占比较高,集中连片贫困区域面积占全区总面积的54%，贫困人口集中分布在中南部9个县（区）。宁夏小康社会实现程度低，较全国平均水平低10个百分点，中南部地区经济发展指数大多低于50%，全面建成小康社会任务艰巨而繁重。从全国集中连片贫困地区来看，宁夏贫困地区GDP、地方财政收入等主要指标依然落后，农民人均可支配收入增幅较全国14个贫困片区平均水平低1.6个百分点，位于14个贫困片区后列。从宁夏全区来看，由于贫困地区农民人均可支配收入基数低，虽然近年来增幅高于全区平均水平，但收入差距拉大的趋势未得到扭转。在经济发展新常态条件下，农民可支配收入中工资性收入占比下降，且增幅趋缓；受农产品价格"天花板"下压、农业生产成本"地板"抬升的双重挤压，生产经营性收入空间收窄；转移性收入虽然逐年增长，但占比较小；财产性收入成为增收的最大短板，缩小发展差距的任务依然艰巨。

（2）宁夏脱贫攻坚历程

宁夏经过三十多年的扶贫开发，历经"三西"农业建设（1983~1993年）、"双百"扶贫攻坚（1994~2000年）、千村扶贫整村推进（2001~2010年）、百万贫困人口扶贫攻坚（2011~2015年）四个阶段的扶贫开发，宁夏中南部贫困地区累计减少贫困人口300万人，建档立卡贫困人口从2011年的101.5万人下降到2019年的1.88万人，为民族团结、社会和谐稳定做出了贡献。特别是改革开放以来，宁夏扶贫开发实现了从输血式、救济式扶贫向造血式、开发式扶贫转变，从分散帮扶、普惠扶持向精准扶贫、精准脱贫转变，形成了党政主导、全社会参与的工作新机制，专项扶贫、行业扶贫、社会扶贫"三位一体"大扶贫格局不断巩固提升，全区扶贫开发工作取得辉煌成就，中南部贫困地区城乡面貌发生了脱胎换骨的变化。

（3）宁夏生态移民职业构成

宁夏生态移民区通过大力发展设施农业、特色种植业、高效养殖业，使移民群众彻底从过去低效农业生产中解放出来；鼓励移民依托靠城、沿路居住的便利条件，从事加工、运输、建筑、餐饮、商贸以及旅游服务等

二、三产业；通过培育发展劳务产业，培育特色产业，完善商贸服务设施等致富产业，培育后续发展产业。据调查统计，在生态移民中，大约有20%的搬迁户从事第三产业，45%的搬迁户从事劳务输出，35%的搬迁户从事种植业和养殖业，劳务输出成为生态移民增收的主要方式。

2. 宁夏脱贫攻坚举措

2019年，宁夏围绕"两不愁三保障"，紧盯底线任务，固根基、补短板、强弱项，着力打好脱贫攻坚战，脱贫攻坚成效显著。

（1）四个贫困县（区）实现脱贫摘帽，脱贫攻坚迈出坚实步伐

2019年，原州、海原、同心、红寺堡四个县（区）通过国家脱贫攻坚第三方评估有望脱贫摘帽，109个村脱贫出列，10.3万贫困人口脱贫，贫困发生率由3%下降到0.47%。农村常住居民人均可支配收入为12858元，较上年增长9.8%，脱贫攻坚迈出了关键性步伐。2020年，宁夏将紧紧围绕"两不愁三保障"，把短板补得更扎实，把基础打得更牢靠，坚决打赢脱贫攻坚战，西吉县实现脱贫摘帽、剩余1.88万贫困人口全部脱贫，如期实现现行标准下农村贫困人口全部脱贫、贫困县全部摘帽的庄严任务。

（2）以产业兴旺为基础，大力实施产业扶贫

2019年，宁夏扎实推进"四个一"产业扶贫示范带动工程，大力实施产业扶贫"六大行动"，新培育产业扶贫示范村41个、扶贫龙头企业42家、扶贫产业合作社146家，提升发展致富带头人2777名，产业带动6.7万贫困人口脱贫。大力实施特色产业脱贫攻坚。力争通过大力实施特色产业提质增效、新型经营主体示范带动、农产品产销对接提升、产业融合转化增值、农业科技支撑、农村改革促农增收等产业扶贫"六大行动"，实现产业扶贫"三有五到户"，即贫困村有脱贫致富产业、有龙头企业或农民合作社带动、有技术帮扶组帮扶；贫困户产业项目、技术培训、小额信贷、帮扶措施、农业保险"五到户"，确保到2020年农村贫困人口如期脱贫。

一是大力实施特色产业提质增效行动。立足资源禀赋、产业基础和

群众意愿,聚焦"1+4"特色产业,大力发展一村一品,调整产业结构,优化产品供给,加快推进农业由增产向提质增效转变。

二是大力实施新型经营主体示范带动行动。"十三五"期间,在贫困地区实施"四个一"工程,即建设100个产业扶贫示范村、培育100家扶贫龙头企业、培育1000家扶贫产业合作社、发展10000名致富带头人。

三是大力实施农产品产销对接提升行动。创新农产品产销对接机制,培育特色优质农产品品牌,构筑多层次、多类型、多功能、多业态的贫困地区特色农产品供应链。

四是大力实施产业融合转化增值行动。以产业链延伸、产业范围拓展、产业功能转型为核心,构建三次产业融合发展的现代农业产业体系,让贫困户分享更多的产业增值收益。

五是大力实施农业科技支撑行动。加强农业科技创新和推广,注重高产高效并重、良种良法配套、农机农艺融合,加快完善贫困地区现代农业生产技术体系。

六是大力实施农村改革促农增收行动。坚持扩面、提速、集成,完善产权制度,优化要素市场配置,不断为贫困地区农业农村现代化释放新活力、注入新动能。

宁夏抓好产业扶贫"六大行动",建好用好扶贫车间、扶贫产业园区,让有条件的贫困户至少有一个增收产业、有劳动力的贫困家庭至少有一人稳定就业,使扶贫攻坚有了强有力的抓手。

(3)加大扶贫资金投入,加强闽宁对口扶贫协作

2019年,宁夏党委、政府统筹兼顾惠及民生,贫困地区人民福祉持续增进,将75%的财政资金用于民生事业,办成了一批事关群众切身利益的实事好事。

一是加大扶贫资金投入力度,全年累计投入各类扶贫资金101.6亿元,创新扶贫资金管理机制,开创了"互联网+扶贫"智能云资金和过程管理的先河,"两不愁三保障"存量问题全部清零,建档立卡户饮水安全问

题基本解决，光伏扶贫智能化管理、互联网数字治水等工作在全国领先。

二是加大脱贫攻坚力度，持续加强闽宁对口扶贫协作交流合作，坚持扶贫与扶志扶智相结合、输血与造血同发力，坚持政府推动、市场带动，引导和推动更多有扩大产能需求、有产业转移意向的企业合作交流，坚持和完善结对帮扶、产业协作、互学互助等机制，使闽宁协作实现互利共赢。

三是积极落实就业优先政策，多措并举促进农民收入稳步增长，全年实现农村劳动力转移就业79.4万人，为脱贫攻坚提供就业支撑。

（4）综合运用组合政策，建立解决相对贫困长效机制

综合运用教育、医疗、金融等组合政策，切实做好大病患者、丧失劳动能力等特殊群体兜底保障，落实立德树人根本任务，促进学生德智体美劳全面发展，全面消除城镇学校大班额，补齐乡镇寄宿制学校和乡村小规模学校短板，中南部山区9县（区）所有乡镇配备智能辅助诊疗系统，为贫困群众吃下"定心丸"。严格落实"四个不摘"要求，建立解决相对贫困长效机制，有效防止返贫和新的贫困。深化闽宁对口扶贫协作，推进中央单位定点扶贫，开展"百企帮百村"行动，让贫困群众有信心脱贫、有能力致富。适时开展脱贫攻坚"回头看"，不断巩固脱贫成果，全面小康路上不落一户、不少一人。

（5）以实施乡村振兴战略为契机，建设美丽宜居乡村

2019年，宁夏以实施乡村振兴战略为契机，进一步完善贫困地区基础设施建设，实现脱贫攻坚与乡村振兴战略有效衔接。以"一村一年一事"为抓手，深化农村人居环境整治三年行动，全面完成"大棚房"清理，建设美丽村庄132个、美丽小城镇20个、特色小镇12个，改造危窑危房3.8万户，新建卫生户厕11.8万座，新改建农村公路1700公里，乡村环境更加靓丽。推进"互联网+农村饮水"工程，农村自来水普及率超过90%。加快补齐农村基础设施短板，加强农田水利和配套设施建设，大力实施土地整理、灌溉节水改造、农业综合开发和盐渍化耕地改造、排水设施改造、节水灌溉示范区等重大项目，把生态移民新村建设成为现代

高效节水农业示范区。注重历史传承,尊重群众意愿,科学编制实用性村庄规划,避免千村一面,建设美丽宜居乡村。

6.加大生态修复力度,实现脱贫攻坚与绿色发展双赢

宁夏制定出台了对历次移民迁出区1272.1万亩土地进行生态修复和保护的意见,其中实施封禁保护自然修复879.7万亩,安排人工生态修复380.1万亩,对12.3万亩原水域、水利设施和道路进行保护并服务于生态修复。经过几年来的生态建设,人工生态修复中,林业工程造林76万亩,经果林2.1万亩;草地建设与保护工程人工种草56万亩,补播改良244万亩。通过自然修复与人工治理相结合,全面加强生态移民迁出区生态建设与修复,切实改善了生态移民迁出区的生态环境质量,实现了脱贫攻坚与绿色发展的双赢。

(二)宁夏脱贫攻坚主要模式、经验

2019年,宁夏党委、政府认真贯彻落实中央各项方针政策,自治区党委十二届八次、九次全会提出坚决打赢三大攻坚战,持续实施三大战略,脱贫攻坚取得了巨大成就。

1.宁夏脱贫攻坚主要模式创新

(1)"党建+"扶贫模式创新

积极实施"三大三强"行动和"两个带头人"工程为主要内容的"党建+"扶贫模式,聚焦精准减贫带贫,在实践中探索出龙头企业引领型、专业组织带动型、致富能人帮带型、技术指导服务型、托管分红互助型、劳务创收带领型六种带动模式,通过"党组织+公司+农户""党组织+合作组织+农户"等措施,群众以土地入股、劳力入股、资金入股等形式,与农村致富带头人"抱团取暖",利益分红、风险共担,以产业发展促进稳定脱贫的局面逐步打开,为脱贫攻坚注入了新活力、新动力,实现了金融链、产业链和支部链深度融合,基层组织的战斗堡垒进一步增强。

一是着力补齐基层党建短板。面对村级党组织缺人、缺钱、缺场地"三缺"问题,夯实执政根基,使基层党组织有人管事、有钱办事、有场所

议事、有制度理事,真正成为脱贫攻坚的战斗堡垒。截至2019年,各地通过专项支持、项目整合,新建改扩建村级组织活动场所852个,村级阵地面积200平方米以上的达到2192个,占99.1%,其中面积在500平方米以上的占31.7%。

二是强化基本保障。让农村党员干部在工作中有"劲头"、在经济上有"甜头",在开展"三大三强"行动中,根据人口数量,每个村按5万~10万元标准设立为民服务资金,让村党组织有能力为群众办事。大幅提升村干部待遇,统一按照每村5人标准核定村干部任职补贴。基础投入和保障力度的加大,既为村党组织创造了为民服务的条件,又增强了村党组织书记岗位吸引力。

三是选配选强村党组织书记。面对农村党员干部文化偏低、能力偏低、群众公认度偏低"三低"难题和村里无干部可选的窘境,坚持打破身份、行业、地域等界限选配村党组织书记,鼓励优秀企业经营管理人员、下岗职工、县乡机关和企事业单位退休、提前离岗干部职工中的党员回村任职创业,同时积极探索村党组织书记跨村任职等做法,培养了一支守信念、讲奉献、有本领、重品行的村党组织书记队伍,成为"两个带头人"工程的"主力军""急先锋"。目前,全区村党组织书记平均年龄48.5岁,60岁以下占92.5%,高中及以上学历占55.7%,致富带头人占44.7%,兼任村委会主任的占30.2%。

(2)以小额信贷为主的金融扶贫模式创新

脱贫攻坚是党中央部署的一项重大政治任务、民生工程。金融扶贫是脱贫攻坚的重要组成部分。近年来,金融业认真贯彻中央打赢脱贫攻坚战的决定,积极落实宁夏脱贫富民战略,探索金融扶贫模式,加大扶贫信贷投入,强化金融服务实践,金融扶贫工作取得积极进展、成效显著。

一是加强监管引领,落实"三项机制"。成立了银行业保险业助力脱贫攻坚领导小组,强化组织推动,完善机制保障,定期组织召开推进会,分析研判形势,查找差距不足,精准分类施策,层层压实责任。落实政策引导机制。联合相关部门陆续出台金融支持宁夏深度贫困地区脱贫攻坚、与贫困村结对帮扶、推进"扶贫保"、实施"一保一县"对口帮扶等文件,完善政策框架,强化定向引领。落实考核约束机制。加大差异化监管力度,按季通报考核扶贫信贷投放,提高扶贫贷款不良率容忍度,督促银行建立完善授信尽职免责、容错纠错等机制,激发内生动力。

二是注重探索创新,打造"四级模式"。打造市级"固原经验"。与固原市政府合力打造"一平台、一模式、一协会、一体系"联动机制,构筑"政府推动、金融撬动、市场牵动、能人带动、贫困户联动"扶贫格局。打造县级"盐池模式"。以"千村信贷·互助资金"金融扶贫工程为基础,创新发展"信用+产业+金融"扶贫路径,制定贫困户"631"评级授信标准,破解贫困户贷款"准入难、额度小、贷款难、担保难、贷款贵、精准识别、精准统计"七大难题。打造乡镇级"张易模式"。在固原市张易镇支持示范户和致富带头人与建档立卡贫困户建立"1+X"结对帮扶关系,形成先富带后富脱贫攻坚合力。打造村级"蔡川模式"。以固原市原州区寨科乡蔡川村为代表,通过"产业引领+能人带动+金融帮扶",构建"银行+致富能人/合作社+农户"扶贫模板。

三是优化金融供给,突出"五个着力"。着力实施分片包干责任制。68家银行机构对口帮扶800多个贫困村,18家保险机构与9个贫困县区签订"一保一县"帮扶协议。着力支持扶贫基础建设工程。政策性银行支持易地扶贫搬迁、棚户区改造、重大水利、轨道交通等397个扶贫基础建设项目,项目贷款余额286.57亿元。着力推进扶贫小额信贷发展,满足建档立卡贫困户信贷资金需求。扶贫小额信贷累计发放金额147.75亿元。着力推进"扶贫保"产品体系建设。在整合优化相关险种的基础上,建立保人身、保大病、保产业的"扶贫保"产品体系,累计向贫困人口提供3663.05亿元风险保障、赔付2.23亿元。着力助推教育脱贫。开发银行宁夏分行累计发放生源地助学贷款27.38亿元,支持贫困学生46.72万人次。将金融扶贫作为脱贫攻坚主要抓手,聚合各方力量精准发力,大胆探索实践,大胆创新突破,有效破解了金融扶贫小额信贷难题,走出了一条"依托金融创新推动产业发展、依靠产业发展带动贫困群众增收"的脱贫富民之路。

(3)生态移民建设模式创新

对贫困地区移民搬迁到近水、靠城、沿路的区域,安置区基础设施配套完善,安置区实现了"七通八有",移民就近务工方便,饮水安全得到保障,子女享受到了良好教育,医疗设施基本齐全;移民居住集中,公共服务设施建设、运行成本降低,服务质量提高,人居环境极大改善。移民基本生产生活条件得到根本改变,为移民群众奠定了脱贫致富的基础。在引扬黄灌溉区开发利用荒地安置生态移民,促进了引黄扬黄灌区的土地资源的合理开发和有效利用,实现了扶贫和开发"双赢"的目标,发挥了最大的投资效益。通过对所有生态移民村发展高效节水农业,采取喷灌、滴灌、小管出流等多种高效节水模式,经济效益明显提高,使有限的水资源得到了充分利用。

(4)社会管理模式创新

宁夏积极发挥村规民约作用,推进移风易俗,完善自治法治德治相融合的乡村治理体系,让农村既有乡愁记忆、田园风光,又有现代文明、舒适生活。移民安置县(区)把加强移民新村社会管理放在重要位置,统筹推进,着力解决社会管理滞后问题。各迁入地都建立健全了移民新村基层各类组织和"两委"班子,配备得力村干部,落实各项制度,加强移民新村社会管理,和谐稳定的移民新村正在形成。

2.宁夏脱贫攻坚工作主要经验

2019年,宁夏党委、政府动员全社会力量,打响脱贫攻坚战,脱贫攻坚成效显著,取得了一些经验。

(1)发挥党委、政府在脱贫攻坚中的主导作用

脱贫攻坚中将加强党和政府引导和主导作用作为减贫成效提升的根本。在脱贫攻坚实践中,党和政府主导了贫困瞄准、贫困干预、脱贫成效

评估等减贫全过程。除不断加大投入之外,通过"中央统筹、自治区负总责、市(地)县抓落实"管理机制提升政府扶贫整体效能,激发强大的扶贫动能,构筑多元主体参与扶贫格局。宁夏在脱贫攻坚实践中,创造性地将党组织建在产业链上,发挥了党组织在脱贫攻坚实践中的战斗堡垒作用。

(2)紧抓产业脱贫的"牛鼻子"

宁夏按照"一县一策、一村一法"思路将脱贫攻坚与乡村振兴战略有机结合,大力发展特色优势产业,因地制宜在种植业、养殖业、旅游业、高新产业上做文章,加快农村土地流转,培育壮大农业龙头企业、农民专业合作社、种养大户等新型农业经营主体,因地制宜发展小杂粮生产加工、肉类加工、蔬菜大棚等项目,带动群众就近就业增收。

(3)下大力气补基础设施、生态环境建设短板

各级政府不断加大以水电路信和污水垃圾处理等为重点的民生工程投入,农村基础设施条件明显改善。巩固提升农村饮水安全保障水平、推进农村污水治理、垃圾处理等,进一步加大建设和管护投入,全面补齐农村基础设施发展短板,不仅有利于增进农民福祉,为同步实现农村全面小康奠定坚实的物质基础,也有利于促进农村产业发展、增强对经济增长的支撑作用。

(4)坚持软硬一齐抓,促乡村文明上台阶

经济建设是硬指标、精神文明是软指标,宁夏牢固树立两个文明一齐抓、两个文明一起上的观念,使得两个文明建设跃上了一个新的台阶。多年来,宁夏在狠抓经济的同时,以社会主义核心价值体系为主导,以社会主义荣辱观教育为主题,以政务诚信、商务诚信、社会诚信和司法诚信为目标,大力倡导诚实守信、勤劳致富、孝老爱亲、礼让谦和、乐善好施、扶危济困的良好风尚。

(5)协调社会各方力量促脱贫

新时期脱贫攻坚战按照"政府主导、农民主体、部门联动、社会参与"的要求,着力完善社会力量参与扶贫开发机制,构建专项扶贫、行业扶

贫、社会扶贫等多方力量、多种举措有机结合和互为支撑的"三位一体"大扶贫格局,广泛动员各种社会团体、民间组织、企事业单位、慈善机构及非政府组织等参与扶贫开发,形成人人参与、形式多样的全社会齐心协力扶贫攻坚的生动局面。

3. 宁夏脱贫攻坚存在的主要问题与挑战

脱贫攻坚虽取得了巨大成效,但由于自然条件等原因,脱贫攻坚仍存在着巨大的挑战。

(1)产业发展动能不足

产业扶贫虽然取得了长足进步,但在新产品、新技术、新营销模式等方面缺乏创新发展,产品附加值、产业链条以及产品市场有待进一步拓展延伸。农作物种植单一,主导产业不强。一是机械化、人工智能程度低,人畜种植,未形成集生产、销售和服务为一体的产业链条。二是没有实现绿色环保种植,普遍使用化肥,减损了土地的肥力。三是农村"空心化"严重,部分村庄农业生产萎缩,土地撂荒严重,农村村落衰败,"一村一品""一县一业"的产业格局不显著。四是三权分置改革还未完全展开,农村产权市场没有激活,生产要素还不能实现有效配置,一、二、三产业融合发展事态未完全形成。五是在延伸产业链条上下的功夫不大,表现在流通、物流环节不畅,仓储、保管、租赁、冷链、期货产业发育迟缓,订单服务少,大量的初级产品因无法储存面临腐烂、变质,特色优势产业发展竞争优势相对不明显,一、二、三产业融合发展较为滞后,产业发展新动能不足,成为制约产业发展的瓶颈。

(2)乡村振兴人才短缺

当前城乡差距和农村落后事实的存在,使出身于农村的大中专毕业生、第二代农民工普遍不愿意回馈农村、返乡发展。兼职农经工作的人员普遍年龄老化、知识陈旧、技能低下,跟不上农村经营体制变革和农业现代化发展的需要。乡村干部压力过大,待遇较低,基层岗位没有吸引力,很难把更多优秀人才吸引到乡镇、村"两委"班子队伍中来,农村后备干部培养和储备严重不足。

（3）资源环境约束较大

深度贫困地区位于我国西北内陆生态环境最为脆弱、贫困人口最为集中的地区之一，自然条件恶劣、生态环境脆弱、经济发展滞后，是"苦甲天下"山穷地瘠、人民生活贫苦之地，加上长期以来人口自然增长率高，人均资源占有量极少，人口严重超载，对资源、环境压力过大，自然条件恶劣仍是今后制约宁夏脱贫攻坚的主要因素。

（4）基础设施不够完善

一是乡村道路设计起点低，不能适应目前生产生活发展需要。村庄农户之间村道没有实现硬化全覆盖，还部分存在断头路、沙土路现象。一些乡村公路虽从20世纪90年代实现了路面沥青化处理，但不是双向通行车道，随着家庭车辆增多，车流量变大，高峰期错车困难，大型机械车辆难以通行。二是水利、电力、网络等基础条件较差。固海扬水工程基本解决了境内农田的灌溉问题，但水量分配还不够均匀、合理，利用不尽充分。由于新农村建设中对村容村貌、人居环境缺乏系统性的规划，未预埋污水处理管道，未设计预留自来水、天然气、暖气、电信网络、动力电线通道，在现行实施"五通八有"工程中，需对原有道路设施"开膛破腹"，重复建设，不仅妨碍了群众的出行，而且造成了人力、物力、财力的浪费。

（5）乡风文明尚需进一步优化

一是人口出生率高，家庭教育跟不上，导致家庭经济压力大，存在返贫的隐患。二是红白喜事操办过程中，还不同程度存在讲排场、比阔气、大操大办、高价彩礼、份子等陈规陋习，没有形成积极文明向上的新风尚。三是受传统礼教思想影响，思想禁锢，专注于家务耕作，娱乐休闲活动匮乏，没有形成健康向上的生活方式。四是有关倡导健康文明新风尚主题宣传片、剧目活动不多，不能寓教于乐，不能内化于心，外化于行，效果不明显。

(三)宁夏脱贫攻坚的路径及建议

2019年,脱贫攻坚取得了一定成效,但也存在着脱贫攻坚与稳定发展的双重挑战,脱贫攻坚已到了爬坡过坎、攻坚拔寨的关键时期,必须统筹推进脱贫攻坚和富民工程,实现贫困人口如期脱贫,真正做到发展为了人民、发展依靠人民、发展成果由人民共享。

1. 大力推动产业扶贫

将脱贫攻坚与乡村振兴战略有机结合,大力发展特色优势产业,因地制宜在种植业、养殖业、旅游业、高新产业上做文章,加快农村土地流转,培育壮大农业龙头企业、农民专业合作社、种养大户等新型农业经营主体。坚持以农业供给侧结构性改革为抓手,持续推动特色优势产业提档升级,不断加大对龙头企业、农业合作社、家庭农场等新型经营主体的政策、资金支持力度,努力提升组织化程度、经营化水平、规模化效益,着力构建相对完备的现代农业产业体系。

2. 积极提升乡村振兴水平

巩固提升农村饮水安全保障水平、推进农村污水治理、垃圾处理等,进一步加大建设和管护投入,全面补齐农村基础设施发展短板。深入实施特色小城镇和美丽乡村建设,扎实开展农村环境综合整治,不断提升农村基础设施建设和城乡基本公共服务均等化水平,努力打造宜居宜业的美丽乡村。

3. 持续推进群众增收

以增加贫困群众收入为核心,坚持市场导向,突出示范带动,强化产销对接,完善利益联结机制,提高生产经营和就业创业组织化程度,实施产业项目、培训就业、小额信贷、帮扶措施和扶贫保险"五到户",实现贫困群众持续稳定增收。大力发展地方特色优势产业,支持草畜、马铃薯、冷凉蔬菜、硒砂瓜、枸杞、葡萄等传统优势产业发展,积极培育小杂粮、油料、中药材、黄花菜、蜜蜂、苹果等地方特色产业,突出良种良法配套、农机农艺融合,加快推进农业由增产向提质增效发展。加大群众中长期技能培训力度，着力培育一批有文化、懂技术、会经营的专业化、职业化新型农民，不断深化农村集体产权制度改革，进一步培育壮大"旅游+""电商+"等富民新业态，促进农村生产生活生态同步发展，带动辐射更多贫困人口脱贫增收。

4. 建立脱贫富民长效机制

以巩固脱贫富民成果为主线，富民长效机制不断完善。坚持把脱贫富民作为重要的政治任务，充分发挥县委总揽全局、协调各方的作用，严格执行一把手负总责，各级书记抓扶贫的"大包干"责任制，在持续巩固发展脱贫成果上久久为功。不断压实主体责任，做到责任到位、任务到位、工作到位。统筹各类保障措施，建立以社会保险、社会救助、社会福利制度为主体，以社会帮扶、社工助力为辅助的综合保障体系。深入实施"三大三强"行动和"两个带头人"工程，进一步选优配强村"两委"班子，加大在退役军人、致富典型中的选树力度，切实把村党组织打造成为促进脱贫富民、推动乡村振兴的坚强战斗堡垒，建立脱贫富民长效机制。

5. 持续推进生态扶贫工程

大力实施生态立区战略，加强贫困地区生态保护与修复，实施六盘山生态功能区400毫米降水线以上造林绿化等重点生态工程时，优先购买建档立卡贫困户的苗木和劳务。积极争取国家生态护林员、草管员岗位，探索天然林、集体公益林托管，推广"合作社+管护+贫困户"模式，吸纳贫困人口参与管护，实现就地就业增收。加大贫困地区新一轮退耕还林还草支持力度，将新增退耕还林还草任务向贫困地区倾斜，对符合退耕政策的贫困村、贫困户实现全覆盖。大力发展生态旅游、特色林果、林下经济等生态产业，拓宽贫困人口增收渠道。

6. 实施综合保障性扶贫工程

统筹各类保障措施，建立以社会保险、社会救助、社会福利制度为主体，以社会帮扶、社工助力为辅助的综合保障体系，为完全丧失劳动能力和部分丧失劳动能力且无法依靠产业就业帮扶脱贫的贫困人口提供兜底保障。强化农村低保与扶贫政策有效衔接,完善农村低保标准动态调整机制和民政与扶贫信息共享机制,实施农村低保和扶贫政策双向衔接,符合条件的及时纳入农村低保或扶贫对象,确保"应保尽保、应扶尽扶",及时将符合条件的返贫人口纳入救助范围。

大力实施脱贫富民战略,围绕实现所有贫困人口稳定脱贫、消除绝对贫困现象、解决区域性整体贫困,全面打赢脱贫攻坚战,将宁夏打造成为全国脱贫攻坚示范区,不断缩小区域、城乡差距,确保实现宁夏贫困地区与全国同步建成全面小康社会的目标。

资料来源

李文庆.宁夏脱贫攻坚报告.新西部,2019,(21).作者单位:宁夏社会科学院农村经济研究所.

比较数据篇

一、宁夏与其他省区(市)比较

2019年各地区生产总值比较

地区	2019年 绝对值/亿元	2019年 增长速度/%	2020年1~3月 绝对值/亿元	2020年1~3月 增长速度/%
全 国	990865.00	6.1	206504.00	-6.8
北 京	35371.28	6.1	7462.19	-6.6
天 津	14104.28	4.8	2874.35	-9.5
河 北	35104.52	6.8	7410.13	-6.2
山 西	17026.68	6.2	3634.73	-4.6
内蒙古	17212.53	5.2	3550.88	-5.8
辽 宁	24909.45	5.5	5082.07	-7.7
黑龙江	13612.68	4.2	2409.04	-8.3
上 海	38155.32	6.0	7856.62	-6.7
江 苏	99631.52	6.1	21002.80	-5.0
浙 江	62351.74	6.8	13113.99	-5.6
安 徽	37113.98	7.5	7821.26	-6.5
福 建	42395.00	7.6	8999.09	-5.2
江 西	24757.50	8.0	5343.43	-3.8

125

续表

地区	指标				地区	指标			
	2019年		2020年1~3月			2019年		2020年1~3月	
	绝对值/亿元	增长速度/%	绝对值/亿元	增长速度/%		绝对值/亿元	增长速度/%	绝对值/亿元	增长速度/%
吉林	11726.82	3.0	2441.84	-6.6	山东	71067.53	5.5	14919.34	-5.8
河南	54259.20	7.0	11510.15	-6.7	贵州	16769.34	8.3	3704.04	-1.9
湖北	45828.31	7.5	6379.35	-39.2	云南	23223.75	8.1	5107.77	-4.3
湖南	39752.12	7.6	8824.82	-1.9	西藏	1697.82	8.1	384.58	1.0
广东	107671.07	6.2	22518.67	-6.7	陕西	25793.17	6.0	5439.66	-5.6
广西	21237.14	6.0	4670.85	-3.3	甘肃	8718.30	6.2	1908.27	-3.4
海南	5308.93	5.8	1115.28	-4.5	青海	2965.95	6.3	652.68	-2.1
重庆	23605.77	6.3	4987.66	-6.5	宁夏	3748.48	6.5	808.13	-2.8
四川	46615.82	7.5	10172.85	-3.0	新疆	13597.11	6.2	3055.51	-0.2

2019年各地区第一产业增加值比较

地区	指标				地区	指标			
	2019年		2020年1~3月			2019年		2020年1~3月	
	绝对值/亿元	增长速度/%	绝对值/亿元	增长速度/%		绝对值/亿元	增长速度/%	绝对值/亿元	增长速度/%
全 国	70467.00	3.1	10186.00	-3.2	黑龙江	3182.45	2.4	138.99	-1.6
北 京	113.69	-2.5	12.73	-22.9	上 海	103.88	-5.0	15.30	-18.2
天 津	185.23	0.2	23.44	-11.5	江 苏	4296.28	1.3	527.38	-1.4
河 北	3518.44	1.6	545.86	-0.2	浙 江	2097.38	2.0	334.99	-0.7
山 西	824.72	2.1	112.20	1.4	安 徽	2915.70	3.2	416.80	-4.7
内蒙古	1863.19	2.4	135.73	-12.1	福 建	2596.23	3.5	443.95	2.2
辽 宁	2177.77	3.5	281.63	1.1	江 西	2057.56	3.0	344.50	-0.5
吉 林	1287.32	2.5	223.65	-2.9	山 东	5116.44	1.1	627.97	-0.5

续表

地 区	指 标				地 区	指 标			
	2019年		2020年1~3月			2019年		2020年1~3月	
	绝对值/亿元	增长速度/%	绝对值/亿元	增长速度/%		绝对值/亿元	增长速度/%	绝对值/亿元	增长速度/%
河 南	4635.40	2.3	688.71	-9.7	贵 州	2280.56	5.7	424.38	2.3
湖 北	3809.09	3.2	540.68	-25.3	云 南	3037.62	5.5	491.76	-1.1
湖 南	3646.95	3.2	593.59	-3.3	西 藏	138.19	4.6	16.11	1.2
广 东	4351.26	4.1	876.60	-0.3	陕 西	1990.93	4.4	221.74	-3.1
广 西	3387.74	5.6	461.00	1.7	甘 肃	1050.48	5.8	142.89	2.0
海 南	1080.36	2.5	250.54	0.4	青 海	301.90	4.6	26.44	4.5
重 庆	1551.42	3.6	287.37	-1.6	宁 夏	279.93	3.2	34.21	-3.9
四 川	4807.23	2.8	804.68	-1.3	新 疆	1781.75	5.3	110.18	-1.3

2019年各地区第二产业增加值比较

地区	2019年 绝对值/亿元	2019年 增长速度/%	2020年1~3月 绝对值/亿元	2020年1~3月 增长速度/%	地区	2019年 绝对值/亿元	2019年 增长速度/%	2020年1~3月 绝对值/亿元	2020年1~3月 增长速度/%
全 国	386165.00	5.7	73638.00	-9.6	黑龙江	3615.21	2.7	771.16	-9.9
北 京	5715.06	4.5	909.54	-17.5	上 海	10299.16	0.5	1745.23	-18.1
天 津	4969.18	3.2	852.92	-17.7	江 苏	44270.51	5.9	8594.59	-8.8
河 北	13597.26	4.9	2763.18	-7.5	浙 江	26566.60	5.9	4930.22	-11.0
山 西	7453.09	5.7	1532.66	-4.8	安 徽	15337.90	8.0	2968.09	-10.0
内蒙古	6818.88	5.7	1418.75	-3.6	福 建	20581.74	8.3	4008.27	-8.8
辽 宁	9531.24	5.7	1792.78	-10.7	江 西	10939.83	8.0	2199.25	-6.7
吉 林	4134.82	2.6	716.58	-13.2	山 东	28310.92	2.6	5666.04	-7.1

续表

地区	2019年 绝对值/亿元	2019年 增长速度/%	2020年1~3月 绝对值/亿元	2020年1~3月 增长速度/%	地区	2019年 绝对值/亿元	2019年 增长速度/%	2020年1~3月 绝对值/亿元	2020年1~3月 增长速度/%
河南	23605.79	7.5	4745.69	-8.1	贵州	6058.45	9.8	1222.59	-4.9
湖北	19098.62	8.0	2146.96	-48.2	云南	7961.58	8.6	1608.34	-6.0
湖南	14946.98	7.8	3126.38	-3.0	西藏	635.62	7.0	130.56	7.1
广东	43546.43	4.7	7978.07	-14.1	陕西	11980.75	5.7	2422.75	-6.9
广西	7077.43	5.7	1433.49	-10.0	甘肃	2862.42	4.7	587.73	-7.1
海南	1099.03	4.1	180.70	-12.5	青海	1159.75	6.3	256.24	-0.4
重庆	9496.84	6.4	1727.69	-11.0	宁夏	1584.72	6.7	328.02	-3.6
四川	17365.33	7.5	3585.45	-3.4	新疆	4795.50	3.7	1099.23	0.2

2019年各地区第三产业增加值比较

地区	2019年 绝对值/亿元	2019年 增长速度/%	2020年1~3月 绝对值/亿元	2020年1~3月 增长速度/%	地区	2019年 绝对值/亿元	2019年 增长速度/%	2020年1~3月 绝对值/亿元	2020年1~3月 增长速度/%
全 国	534233.00	6.9	122680.00	-5.2	黑龙江	6815.02	5.9	1498.89	-7.9
北 京	29542.53	6.4	6539.92	-4.8	上 海	27752.28	8.2	6096.09	-2.7
天 津	8949.87	5.9	1997.99	-4.9	江 苏	51064.73	6.6	11880.82	-2.0
河 北	17988.82	9.4	4101.09	-5.9	浙 江	33687.76	7.8	7848.78	-1.5
山 西	8748.87	7.0	1989.87	-4.8	安 徽	18860.38	7.7	4436.37	-3.7
内蒙古	8530.46	5.4	1996.40	-6.8	福 建	19217.03	7.3	4546.87	-2.0
辽 宁	13200.44	5.6	3007.66	-6.3	江 西	11760.11	9.0	2799.68	-1.2
吉 林	6304.68	3.3	1501.61	-3.1	山 东	37640.17	8.7	8625.33	-5.4

131

续表

地区	指标				地区	指标			
	2019年		2020年1~3月			2019年		2020年1~3月	
	绝对值/亿元	增长速度/%	绝对值/亿元	增长速度/%		绝对值/亿元	增长速度/%	绝对值/亿元	增长速度/%
河南	26018.01	7.4	6075.75	-4.9	贵州	8430.33	7.8	2057.06	-0.3
湖北	22920.60	7.8	3691.71	-33.3	云南	12224.55	8.3	3007.67	-3.4
湖南	21158.19	8.1	5104.85	-1.0	西藏	924.01	9.2	237.91	-1.7
广东	59773.38	7.5	13664.00	-1.5	陕西	11821.49	6.5	2795.17	-4.6
广西	10771.97	6.2	2776.36	-0.1	甘肃	4805.40	7.2	1177.65	-1.7
海南	3129.54	7.5	684.04	-3.9	青海	1504.30	6.5	370.00	-3.4
重庆	12557.51	6.4	2972.60	-3.4	宁夏	1883.83	6.8	445.90	-2.2
四川	24443.26	8.5	5782.72	-2.9	新疆	7019.86	8.1	1846.10	-0.4

2019年各地区公共财政预算收入比较

地区	2019年 绝对值/亿元	增长速度/%	地区	2019年 绝对值/亿元	增长速度/%
地方合计	190382.00	3.8	黑龙江	1262.60	-1.6
北京	5817.10	0.5	上海	7165.10	0.8
天津	2410.25	14.4	江苏	8802.40	2.0
河北	3742.70	6.5	浙江	7048.00	6.8
山西	2347.60	2.4	安徽	5710.00	6.5
内蒙古	2059.70	10.9	福建	5147.04	2.0
辽宁	2652.00	1.4	江西	2486.50	4.8
吉林	1116.86	-10.0	山东	6526.60	0.6

续表

地区	指标 2019年 绝对值/亿元	指标 2019年 增长速度/%	地区	指标 2019年 绝对值/亿元	指标 2019年 增长速度/%
河 南	4041.60	7.3	贵 州	1767.36	2.3
湖 北	3388.39	2.5	云 南	2073.53	4.0
湖 南	3006.99	5.11	西 藏	222.00	-3.6
广 东	12651.46	4.5	陕 西	2287.73	2.0
广 西	1811.89	7.8	甘 肃	850.20	-2.4
海 南	814.13	8.2	青 海	282.14	3.4
重 庆	2134.90	-5.8	宁 夏	423.55	7.2
四 川	4070.70	7.7	新 疆	1577.60	3.0

2019年各地区公共财政预算支出比较

地　区	指标 2019年 绝对值/亿元	指标 2019年 增长速度/%	地　区	指标 2019年 绝对值/亿元	指标 2019年 增长速度/%
地方合计	238874.00	8.1	黑龙江	5011.50	7.2
北　京	—	—	上　海	8179.28	-2.1
天　津	3508.71	13.0	江　苏	12573.60	7.9
河　北	8313.70	7.7	浙　江	10053.00	16.5
山　西	4713.10	10.0	安　徽	7391.00	12.5
内蒙古	5097.90	5.5	福　建	5097.25	5.5
辽　宁	5761.40	7.9	江　西	—	—
吉　林	3933.42	3.8	山　东	10736.80	6.3

续表

地区	指标 2019年 绝对值/亿元	指标 2019年 增长速度/%	地区	指标 2019年 绝对值/亿元	指标 2019年 增长速度/%
河 南	10176.26	10.4	贵 州	5921.40	17.7
湖 北	7967.73	9.8	云 南	6770.09	11.4
湖 南	—	—	西 藏	2180.88	10.6
广 东	17314.12	10.0	陕 西	5721.56	7.9
广 西	5849.02	10.1	甘 肃	3956.70	4.9
海 南	1859.08	9.9	青 海	1863.74	13.1
重 庆	4847.80	6.8	宁 夏	1438.40	1.4
四 川	10349.60	6.6	新 疆	5269.10	5.7

2019年各地区三次产业所占比重比较

单位：%

地区	2019年			2020年1~3月		
	第一产业	第二产业	第三产业	第一产业	第二产业	第三产业
全 国	7.1	39.0	53.9	4.9	35.7	59.4
北 京	0.3	16.2	83.5	0.2	12.2	87.6
天 津	1.3	35.2	63.5	0.8	29.7	69.5
河 北	10.0	38.7	51.2	7.4	37.3	55.3
山 西	4.8	43.8	51.4	3.1	42.2	54.7
内蒙古	10.8	39.6	49.6	3.8	40.0	56.2
辽 宁	8.7	38.3	53.0	5.5	35.3	59.2
吉 林	11.0	35.3	53.8	9.2	29.3	61.5

续表

地区	指标					
	2019年			2020年1~3月		
	第一产业	第二产业	第三产业	第一产业	第二产业	第三产业
黑龙江	23.4	26.6	50.1	5.8	32.0	62.2
上 海	0.3	27.0	72.7	0.2	22.2	77.6
江 苏	4.3	44.4	51.3	2.5	40.9	56.6
浙 江	3.4	42.6	54.0	2.6	37.6	59.9
安 徽	7.9	41.3	50.8	5.3	37.9	56.7
福 建	6.1	48.5	45.3	4.9	44.5	50.5
江 西	8.3	44.2	47.5	6.4	41.2	52.4
山 东	7.2	39.8	53.0	4.2	38.0	57.8

续表

地 区	指 标					
	2019年			2020年1~3月		
	第一产业	第二产业	第三产业	第一产业	第二产业	第三产业
河 南	8.5	43.5	48.0	6.0	41.2	52.8
湖 北	8.3	41.7	50.0	8.5	33.7	57.9
湖 南	9.2	37.6	53.2	6.7	35.4	57.8
广 东	4.0	40.4	55.5	3.9	35.4	60.7
广 西	16.0	33.3	50.7	9.9	30.7	59.4
海 南	20.3	20.7	58.9	22.5	16.2	61.3
重 庆	6.6	40.2	53.2	5.8	34.6	59.6
四 川	10.3	37.3	52.4	7.9	35.2	56.8

续表

地 区	指 标						
	2019年			2020年1~3月		
	第一产业	第二产业	第三产业	第一产业	第二产业	第三产业
贵 州	13.6	36.1	50.3	11.5	33.0	55.5
云 南	13.1	34.3	52.6	9.6	31.5	58.9
西 藏	8.1	37.4	54.4	4.2	33.9	61.9
陕 西	7.7	46.4	45.8	4.1	44.5	51.4
甘 肃	12.0	32.8	55.1	7.5	30.8	61.7
青 海	10.2	39.1	50.7	4.1	39.3	56.7
宁 夏	7.5	42.3	50.3	4.2	40.6	55.2
新 疆	13.1	35.3	51.6	3.6	36.0	60.4

2019年各地区规模以上工业增加值增长速度比较

单位:%

地　区	指标 2019年增长速度	指标 2020年1~3月增长速度	地　区	指标 2019年增长速度	指标 2020年1~3月增长速度
全　国	5.7	-8.4	黑龙江	2.8	-8.6
北　京	3.1	-14.7	上　海	0.4	-17.7
天　津	3.4	-16.0	江　苏	6.2	-7.8
河　北	5.6	-4.8	浙　江	6.6	-10.2
山　西	5.3	-3.5	安　徽	7.3	-5.3
内蒙古	6.1	-2.9	福　建	8.8	-6.8
辽　宁	6.7	-8.5	江　西	8.5	-6.1
吉　林	3.1	-12.2	山　东	1.2	-5.8

续表

地 区	指 标		地 区	指 标	
	2019年增长速度	2020年1~3月增长速度		2019年增长速度	2020年1~3月增长速度
河 南	7.8	-6.8	贵 州	9.6	-1.9
湖 北	7.8	-45.8	云 南	8.1	-3.0
湖 南	8.3	-2.1	西 藏	3.0	-9.3
广 东	4.7	-15.1	陕 西	5.2	-3.0
广 西	4.5	-8.8	甘 肃	5.2	-4.4
海 南	4.2	-9.7	青 海	7.0	-0.3
重 庆	6.2	-10.6	宁 夏	7.6	0.6
四 川	8.0	-0.9	新 疆	4.7	2.2

2019年各地区固定资产投资增长速度比较

单位：%

地区	指标		地区	指标	
	2019年增长速度	2020年1~3月增长速度		2019年增长速度	2020年1~3月增长速度
全 国	5.4	-16.1	黑龙江	6.3	-10.9
北 京	-2.4	-7.1	上 海	5.1	-9.3
天 津	13.9	-14.8	江 苏	5.1	-20.2
河 北	6.1	-7.7	浙 江	10.1	-5.2
山 西	9.3	2.5	安 徽	9.2	-11.1
内蒙古	6.8	-37.3	福 建	5.9	-16.9
辽 宁	0.5	-16.2	江 西	9.2	-4.3
吉 林	-16.3	-8.2	山 东	-8.4	-4.1

续表

地 区	指 标		地 区	指 标	
	2019年增长速度	2020年1~3月增长速度		2019年增长速度	2020年1~3月增长速度
河 南	8.0	-7.5	贵 州	1.0	-10.2
湖 北	10.6	-82.8	云 南	8.5	-11.6
湖 南	10.1	-4.0	西 藏	-2.1	0.3
广 东	11.1	-15.3	陕 西	2.5	-16.5
广 西	9.5	-7.9	甘 肃	6.6	-9.1
海 南	-9.2	-1.6	青 海	5.0	2.6
重 庆	5.7	-16.1	宁 夏	-10.3	-11.7
四 川	8.6	-7.3	新 疆	2.5	5.2

2019年各地区社会消费品零售总额增长速度比较

单位：%

地区	2019年增长速度	2020年1~3月增长速度	地区	2019年增长速度	2020年1~3月增长速度
全 国	8.0	-19.0	黑龙江	6.2	-33.4
北 京	4.4	-21.5	上 海	6.5	-20.4
天 津	-0.3	-25.5	江 苏	6.2	-18.1
河 北	8.4	-16.3	浙 江	8.7	-14.7
山 西	7.8	-25.7	安 徽	10.6	-11.9
内蒙古	4.1	-21.6	福 建	10.0	-12.5
辽 宁	6.1	-24.8	江 西	11.3	-11.9
吉 林	3.4	-27.3	山 东	6.4	-15.2

续表

地 区	指 标		地 区	指 标	
	2019年增长速度	2020年1~3月增长速度		2019年增长速度	2020年1~3月增长速度
河 南	10.4	-21.9	贵 州	5.1	-13.0
湖 北	10.3	-44.9	云 南	10.4	-14.3
湖 南	10.2	-11.5	西 藏	8.7	-19.8
广 东	8.0	-19.0	陕 西	7.4	-25.4
广 西	7.0	-15.2	甘 肃	7.7	-13.0
海 南	5.3	-31.4	青 海	5.4	-23.0
重 庆	8.7	-18.6	宁 夏	5.2	-16.5
四 川	10.4	-13.0	新 疆	5.5	-37.0

2019年各地区城镇常住居民人均可支配收入比较

地区	2019年 绝对值/元	2019年 增长速度/%	2020年1~3月 绝对值/元	2020年1~3月 增长速度/%	地区	2019年 绝对值/元	2019年 增长速度/%	2020年1~3月 绝对值/元	2020年1~3月 增长速度/%
全 国	42359	7.9	11691	0.5	黑龙江	30945	6.0	7577	-4.8
北 京	73849	8.6	19349	4.8	上 海	73615	8.2	20646	4.9
天 津	46119	7.3	13188	2.3	江 苏	51056	8.2	16090	2.0
河 北	35738	8.4	9047	-0.9	浙 江	60182	8.3	18545	0.8
山 西	33262	7.2	8373	1.2	安 徽	37540	9.1	10449	1.2
内蒙古	40782	6.5	10069	-6.2	福 建	45620	8.3	13777	2.3
辽 宁	39777	6.5	10197	-1.0	江 西	36546	8.1	9717	2.4
吉 林	32299	7.1	8405	1.3	山 东	42329	7.0	11699	0.6

147

续表

地区	2019年 绝对值/元	2019年 增长速度/%	2020年1~3月 绝对值/元	2020年1~3月 增长速度/%	地区	2019年 绝对值/元	2019年 增长速度/%	2020年1~3月 绝对值/元	2020年1~3月 增长速度/%
河 南	34201	7.3	9088	0.8	贵 州	34404	8.9	9281	1.6
湖 北	37601	9.1	9412	-11.8	云 南	36238	8.2	9281	-3.4
湖 南	39842	8.6	10988	1.5	西 藏	37410	10.7	9517	8.2
广 东	48118	8.5	13487	1.7	陕 西	36098	8.3	9377	0.6
广 西	34745	7.1	9515	0.6	甘 肃	32323	7.9	8616	1.9
海 南	36017	8.0	9650	0.3	青 海	33830	7.3	8797	1.1
重 庆	37939	8.7	11158	0.8	宁 夏	34328	7.6	7997	-5.1
四 川	36154	8.8	9898	1.2	新 疆	34664	5.8	8606	-1.7

2019年各地区农村常住居民人均可支配收入比较

地区	2019年 绝对值/元	2019年 增长速度/%	2020年1~3月 绝对值/元	2020年1~3月 增长速度/%	地区	2019年 绝对值/元	2019年 增长速度/%	2020年1~3月 绝对值/元	2020年1~3月 增长速度/%
全国	16021	9.6	4641	0.9	黑龙江	14982	8.5	5292	6.3
北京	28928	9.2	8477	2.9	上海	33195	9.3	10726	4.4
天津	24804	7.5	6887	-1.8	江苏	22675	8.8	8790	-0.9
河北	15373	9.6	4068	-3.2	浙江	29876	9.4	9860	-1.5
山西	12902	9.8	3328	-0.1	安徽	15416	10.1	4856	2.7
内蒙古	15283	10.7	4539	-4.1	福建	19568	9.8	4888	-4.8
辽宁	16108	9.9	5795	8.6	江西	15796	9.2	4111	4.6
吉林	14936	8.6	5329	6.9	山东	17775	9.1	5325	0.7

续表

地区	指标				地区	指标			
	2019年		2020年1~3月			2019年		2020年1~3月	
	绝对值/元	增长速度/%	绝对值/元	增长速度/%		绝对值/元	增长速度/%	绝对值/元	增长速度/%
河南	15164	9.6	3940	4.3	贵州	10756	10.7	2600	4.8
湖北	16391	9.4	4085	-10.2	云南	11902	10.5	2937	1.6
湖南	15395	9.2	4451	2.9	西藏	12951	13.1	1812	9.5
广东	18818	9.6	5326	-1.6	陕西	12326	9.9	3517	-1.1
广西	13676	10.0	4072	4.6	甘肃	9629	9.4	2746	3.7
海南	15113	8.0	3964	-2.3	青海	11499	10.6	3129	3.1
重庆	15133	9.8	4423	2.0	宁夏	12858	9.8	2986	-2.9
四川	14670	10.0	4377	5.3	新疆	13122	9.6	1721	3.5

150

2019年各地区进出口总额比较

地区	2019年 绝对值/亿元	2019年 增长速度/%	2020年1~3月 绝对值/亿元	2020年1~3月 增长速度/%	地区	2019年 绝对值/亿元	2019年 增长速度/%	2020年1~3月 绝对值/亿元	2020年1~3月 增长速度/%
全 国	315504.75	3.4	65739.70	-6.4	黑龙江	1866.37	6.7	452.20	0.0
北 京	28669.44	5.5	6253.67	-6.2	上 海	34053.06	0.1	7560.41	-4.0
天 津	7346.33	-9.1	1571.68	-8.0	江 苏	43383.83	-0.9	9008.39	-9.5
河 北	4001.87	12.6	891.62	7.3	浙 江	30838.68	8.2	6299.37	-5.4
山 西	1447.03	5.7	264.53	-0.2	安 徽	4738.47	14.4	1079.11	-2.1
内蒙古	1095.76	5.9	254.21	-4.0	福 建	13309.85	7.8	2874.15	-3.6
辽 宁	7256.41	-4.0	1716.93	-2.4	江 西	3512.64	11.1	861.82	15.7
吉 林	1302.56	-4.4	300.67	0.1	山 东	20421.95	5.8	4467.52	-3.6

续表

地区	2019年 绝对值/亿元	2019年 增长速度/%	2020年1~3月 绝对值/亿元	2020年1~3月 增长速度/%	地区	2019年 绝对值/亿元	2019年 增长速度/%	2020年1~3月 绝对值/亿元	2020年1~3月 增长速度/%
河南	5713.71	3.7	1072.93	4.6	贵州	453.57	-9.8	74.84	-15.5
湖北	3944.84	13.2	627.54	-20.9	云南	2323.88	17.9	466.53	-6.3
湖南	4343.11	41.2	835.56	5.4	西藏	48.76	2.6	5.41	-19.4
广东	71457.02	-0.2	13693.98	-11.8	陕西	3516.04	0.1	862.63	0.4
广西	4695.19	14.4	925.82	-8.7	甘肃	379.86	-3.9	86.21	-2.6
海南	905.87	6.8	204.01	-18.7	青海	37.25	-22.7	4.45	-62.3
重庆	5793.22	11.0	1130.53	-14.1	宁夏	240.62	-3.3	30.28	-45.3
四川	6766.53	13.8	1590.37	10.7	新疆	1641.03	23.8	272.35	-12.4

2019年各地区房地产开发投资额比较

地区	2019年 绝对值/亿元	2019年 增长速度/%	2020年1~3月 绝对值/亿元	2020年1~3月 增长速度/%	地区	2019年 绝对值/亿元	2019年 增长速度/%	2020年1~3月 绝对值/亿元	2020年1~3月 增长速度/%
全 国	132194.26	9.9	21962.61	-7.7	黑龙江	958.01	1.4	21.21	-21.6
北 京	3838.38	-0.9	616.35	-6.4	上 海	4231.38	4.9	859.97	-8.2
天 津	2727.82	12.5	481.87	-17.9	江 苏	12009.35	9.4	2717.82	-0.5
河 北	4347.05	-2.9	557.49	-5.8	浙 江	10682.97	7.4	2044.65	-4.2
山 西	1656.50	20.3	195.06	-1.0	安 徽	6670.48	11.7	1216.53	-7.6
内蒙古	1041.95	18.0	46.46	0.0	福 建	5673.13	14.8	1132.93	-13.3
辽 宁	2833.95	9.0	402.32	-15.1	江 西	2239.11	3.0	424.19	-3.8
吉 林	1315.52	11.9	46.57	1.5	山 东	8614.89	14.1	1538.66	-0.3

续表

地区	指标				地区	指标			
	2019年		2020年1~3月			2019年		2020年1~3月	
	绝对值/亿元	增长速度/%	绝对值/亿元	增长速度/%		绝对值/亿元	增长速度/%	绝对值/亿元	增长速度/%
河南	7464.59	6.4	1168.86	-2.3	贵州	2990.81	27.3	600.55	6.7
湖北	5111.73	8.9	257.22	-73.7	云南	4151.41	27.8	749.76	1.3
湖南	4445.47	12.7	655.32	-4.6	西藏	129.56	39.9	6.64	45.2
广东	15852.16	10.0	2548.83	-8.3	陕西	3903.65	10.4	518.58	-0.1
广西	3814.41	27.0	652.10	-0.8	甘肃	1257.85	12.7	105.55	-0.8
海南	1336.18	-22.1	215.53	-20.3	青海	406.29	15.5	16.58	47.6
重庆	4439.30	4.5	764.55	-12.9	宁夏	403.09	-10.3	34.29	0.5
四川	6573.24	15.4	1332.35	1.8	新疆	1074.04	3.9	33.80	6.7

比较数据篇

部分地区各级财政安排疫情防控资金情况比较

地区	财政投入/亿元	时间节点	地区	财政投入/亿元	时间节点
湖北	210.00	截至2月29日	四川	32.90	截至2月6日
广东	99.47	截至2月27日	黑龙江	32.76	截至2月12日18时
安徽	57.80	截至2月9日	新疆	22.28	截至3月2日
江苏	54.66	截至3月2日	云南	20.89	截至3月13日
福建	41.45	截至3月2日	重庆	20.00	截至2月26日
河南	38.41	截至2月13日	山西	16.75	截至3月5日
浙江	33.25	截至2月8日	山东	16.07	截至2月12日
辽宁	15.37	截至2月10日14时	湖南	9.97	截至2月25日

155

续表

地 区	财政投入/亿元	时间节点	地 区	财政投入/亿元	时间节点
贵 州	14.12	截至1月30日	甘 肃	8.59	截至2月16日
广 西	13.69	截至2月6日	海 南	8.16	截至2月3日
江 西	13.40	截至2月3日17时	青 海	7.33	截至2月12日18时
吉 林	12.40	截至2月7日	宁 夏	7.20	截至2月底
河 北	11.69	截至2月1日24时	天 津	7.00	截至2月3日
陕 西	10.42	截至2月3日			

注：相关数据来源于媒体公开报道，仅供参考，不构成对各地的评估及本次疫情期间的任何结论性影响。

比较数据篇

2019年部分地区城市和农村低保标准比较

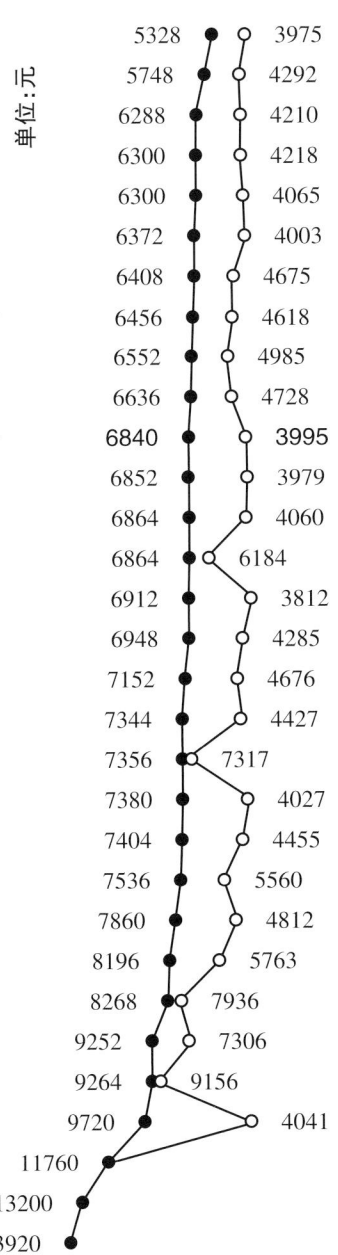

注：以上数值均为四舍五入；城市低保标准按年折算。

资料来源：民政部统计数据

2020年各地区省级重点项目数据比较

地区	项目个数/个	总投资/亿元	年度计划投资/亿元	地区	项目个数/个	总投资/亿元	年度计划投资/亿元
北 京	300	—	2523	安 徽	6878	—	13055
天 津	650	17014	2105	福 建	1567	38400	5005
河 北	536	18833	2402	江 西	2933	25700	7700
山 西	7181	37879	8151	山 东	1021	29000	—
黑龙江	300	8856	2000	河 南	980	33000	8372
上 海	152	1500	—	湖 北	894	31570	—
江 苏	240	—	5410	湖 南	160	—	3050
浙 江	670	30489	4150	广 东	1230	59000	7000

续表

地区	项目个数/个	总投资/亿元	年度计划投资/亿元	地区	项目个数/个	总投资/亿元	年度计划投资/亿元
广西	1132	19620	1675	陕西	600	34000	4600
海南	105	3772	677	甘肃	2428	29831	4500
重庆	1136	27000	3476	宁夏	2922	—	2672
四川	700	44000	6000	新疆	390	16788	—
贵州	3357	—	7262	合计	38987	555252	106184
云南	525	50000	4400				

资料来源：根据媒体公开报道整理。由于统计渠道及口径原因，相关数据仅供研究参考，不构成对地方发展的评价和影响。

2019年各地区农业产业龙头企业营业收入比较

单位:亿元

地区	本地上榜企业营收总额	平均营收额	最高营收额	地区	本地上榜企业营收总额	平均营收额	最高营收额
江苏	5098.94	40.15	505.63	福建	2775.82	185.05	2032.91
山东	4235.36	43.22	393.04	吉林	303.83	21.70	54.83
江西	1828.39	53.78	706.52	云南	652.79	65.28	243.15
河南	2756.52	88.92	913.00	湖北	352.87	39.21	131.02
浙江	902.99	39.26	177.91	广东	1151.18	143.90	556.57
安徽	797.62	34.68	264.61	上海	863.28	107.91	375.31
四川	1441.92	65.54	729.98	湖南	394.33	49.29	137.35

续表

地 区	本地上榜企业营收总额	平均营收额	最高营收额	地 区	本地上榜企业营收总额	平均营收额	最高营收额
陕 西	144.72	18.09	42.83	山 西	151.08	50.36	103.54
内蒙古	1298.30	185.47	655.90	河 北	94.51	31.50	53.18
北 京	462.67	66.10	187.42	甘 肃	40.91	13.64	20.66
重 庆	175.47	25.07	87.35	黑龙江	56.89	28.45	29.92
贵 州	134.62	22.44	60.02	宁 夏	56.30	28.15	43.24
天 津	347.83	69.57	122.00	广 西	53.01	26.50	29.06
辽 宁	255.06	51.01	136.96	青 海	21.80	10.90	12.86
海 南	200.66	66.89	108.18	西 藏	111.32	111.32	111.32

2019年各地区农业产业龙头企业税后利润比较

单位:亿元

地区	本地上榜企业利润总额	平均利润额	最高利润额	地区	本地上榜企业利润总额	平均利润额	最高利润额
江 苏	114.37	0.87	20.00	福 建	36.81	2.63	14.86
山 东	179.39	1.89	28.03	吉 林	40.57	2.90	18.45
江 西	61.04	1.80	13.63	云 南	46.87	4.69	31.33
河 南	151.13	4.88	45.75	湖 北	15.32	1.70	8.93
浙 江	54.60	2.37	33.67	广 东	97.03	12.13	69.99
安 徽	9.55	0.42	3.22	上 海	15.10	1.89	8.18
四 川	122.53	5.57	52.24	湖 南	15.06	1.88	8.92

续表

地 区	本地上榜企业利润总额	平均利润额	最高利润额	地 区	本地上榜企业利润总额	平均利润额	最高利润额
陕 西	6.46	0.81	1.76	山 西	8.66	2.89	5.24
内蒙古	133.70	19.10	69.20	河 北	5.96	1.99	3.10
北 京	19.31	2.76	13.18	甘 肃	3.43	1.14	1.43
重 庆	8.52	1.22	4.14	黑龙江	9.15	4.57	7.63
贵 州	3.31	3.31	3.31	宁 夏	4.31	2.15	3.21
天 津	0.74	0.15	1.56	广 西	-0.73	-0.37	1.25
辽 宁	8.39	1.68	5.00	青 海	1.40	0.70	0.85
海 南	0.88	0.29	2.09	西 藏	11.96	11.96	11.96

全国抗疫医疗队简称及人数

单位:人

地 区	简 称	人 数	地 区	简 称	人 数
江 苏	"苏"大强	2802	吉 林	逢凶化"吉"	1179
广 东	"粤"来越好	2484	黑龙江	夜再"黑",终见光明	1534
辽 宁	"辽"表寸心	2054	上 海	"沪"你周全	1608
浙 江	"浙"风挡雨	2018	安 徽	"皖"无一失	1324
北 京	"京"兵强将	1215	福 建	国泰"闽"安	1366
天 津	"津"字招牌	1289	江 西	"赣"做敢当	1201
河 北	"冀"来之,则安之	1090	山 东	"鲁"大壮	1782
陕 西	竭"晋"全力	1509	河 南	随"豫"而安	1262

比较数据篇

续表

地区	简称	人数	地区	简称	人数
湖南	"湘"互扶持	1458	陕西	"秦"劳勇敢	919
重庆	"渝"战愈勇	1614	甘肃	"甘"苦与共	776
四川	"蜀"你最好	1458	青海	"青"囊相助	239
贵州	"贵"人相助	1401	宁夏	安国"宁"家	387
云南	拨"云"见日	1132	新疆	同"新"协力	387
内蒙古	别害怕，"蒙蒙"达	798	兵团	勠力同"新"	107
广西	兵"桂"神速	962	人民解放军	闻令而动	4000
海南	"琼"尽全力	843			

（根据媒体公开报道不完全统计，具体以当地报道为准，仅供参考；各地代号来自人民日报新媒体）

165

26个省区市扫黑除恶专项斗争开展以来战果汇总

序号	地区	发布时间	侦办黑恶犯罪团伙/个	侦办涉黑组织/个	侦办恶势力犯罪集团/个	侦办涉恶团伙/个	查冻扣涉案资产/亿元	破获各类刑事案件/起
1	河南	2019年5月	787	117	461	209	64.96	—
2	江西	2019年3月	—	106	340	380	—	—
3	安徽	2019年4月	1267	102	361	804	24.71	—
4	山西	2019年5月	1249	95	330	824	128.00	9044
5	广东	2019年5月	—	>130	>400	—	>100.00	—
6	福建	2019年5月	—	86	248	231	—	—
7	云南	2019年4月	428	79	—	349	5.05	—
8	湖南	2019年4月	—	77	256	749	26.90	4238
9	浙江	2018年12月	2090	65	—	—	22.74	12000

比较数据篇

续表

序号	地 区	发布时间	侦办黑恶犯罪团伙/个	侦办涉黑组织/个	侦办恶势力犯罪集团/个	侦办涉恶团伙/个	查冻扣涉案资产/亿元	破获各类刑事案件/起
10	吉 林	2018年12月	439	58	98	283	26.50	1957
11	河 北	2019年4月	—	50	—	822	—	—
12	辽 宁	2019年5月	—	36	83	—	161.08	10203
13	内蒙古	2019年5月	—	34	199	1012	31.90	4247
14	黑龙江	2018年12月	324	33	—	—	3.41	2740
15	广 西	2019年3月	—	28	110	2024	20.00	4069
16	海 南	2019年3月	141	16	—	125	19.41	1327
17	天 津	2019年3月	—	15	46	464	7.00	2858
18	甘 肃	2019年3月	—	13	58	148	0.37	1353

续表

序号	地区	发布时间	侦办黑恶犯罪团伙/个	侦办涉黑组织/个	侦办恶势力犯罪集团/个	侦办涉恶团伙/个	查冻扣涉案资产/亿元	破获各类刑事案件/起
19	重庆	2018年12月	—	11	—	238	—	—
20	宁夏	2019年2月	65	5	18	42	1.50	567
21	北京	2018年12月	—	3	—	102	—	1011
22	山东	2019年5月	—	30	124	—	41.60	—
23	四川	2019年5月	—	—	—	—	23.59	—
24	陕西	2019年3月	—	—	185	432	10.19	7059
25	贵州	2019年3月	—	—	—	—	1.60	—
26	青海	2018年12月	31	—	—	—	1.35	344

（资料来源：各地扫黑除恶专项斗争工作新闻发布会）

2019年部分地区剩余贫困人口

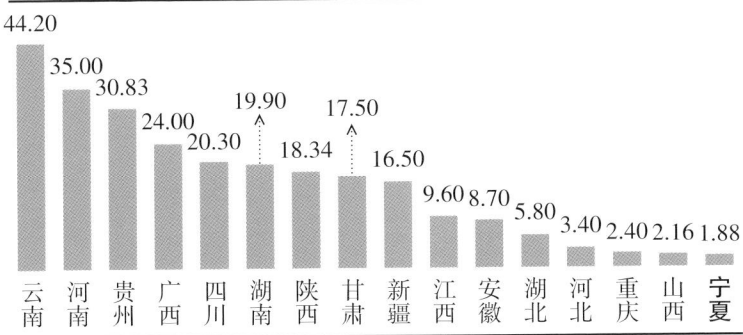

单位:万人

地区	人口
云南	44.20
河南	35.00
贵州	30.83
广西	24.00
四川	20.30
湖南	19.90
陕西	18.34
甘肃	17.50
新疆	16.50
江西	9.60
安徽	8.70
湖北	5.80
河北	3.40
重庆	2.40
山西	2.16
宁夏	1.88

2020年28个省份5G基站采购需求量

单位:个

地区	采购量	地区	采购量	地区	采购量
广东	26147	广西	7594	吉林	3752
浙江	22551	重庆	7359	内蒙古	3691
江苏	20715	福建	7266	甘肃	2858
山东	19451	河北	7077	新疆	2394
河南	12402	贵州	7042	海南	2259
四川	10015	黑龙江	7012	西藏	1157
云南	9703	安徽	6613	宁夏	1153
湖南	9419	辽宁	6494	青海	841
江西	8174	山西	5888	—	—
陕西	8065	湖北	5051	总计	232143

二、宁夏各市、县(区)比较

各市、县(区)生产总值

地区		2019年 绝对值/亿元	2019年 增幅/%	2020年1~3月 绝对值/亿元	2020年1~3月 增幅/%
全区		3748.48	6.5	808.13	-2.8
五市	银川市	1896.79	6.3	415.18	-4.9
	石嘴山市	511.24	7.0	118.56	1.8
	吴忠市	580.19	7.1	122.73	1.8
	固原市	322.66	6.5	67.31	2.1
	中卫市	437.65	6.0	84.34	-7.8
川区	兴庆区	531.58	6.6	127.13	-4.8
	金凤区	290.38	7.4	59.54	-3.0
	西夏区	317.61	5.0	71.14	1.7
	永宁县	100.89	1.1	18.41	-9.6
	贺兰县	138.95	9.0	26.53	-11.7
	灵武市	517.38	6.4	112.44	-7.5
	大武口区	186.61	6.3	46.05	1.6
	惠农区	156.94	8.1	37.85	5.1

续表

	地 区	指 标					地 区	指 标			
		2019年		2020年1~3月				2019年		2020年1~3月	
		绝对值/亿元	增幅/%	绝对值/亿元	增幅/%			绝对值/亿元	增幅/%	绝对值/亿元	增幅/%
川区	平罗县	167.69	7.0	34.67	-1.5	山区	同心县	91.83	10.0	18.59	3.7
	利通区	193.33	5.0	40.38	-2.7		原州区	136.80	6.2	30.22	4.4
	青铜峡市	126.47	7.5	28.17	4.5		西吉县	69.54	6.8	14.03	1.2
	沙坡头区	190.12	5.8	38.33	-9.6		隆德县	31.71	6.0	6.58	0.5
	中宁县	171.36	5.9	32.26	-5.7		泾源县	20.42	6.1	4.42	1.1
	红寺堡区	62.91	8.1	12.52	4.3		彭阳县	64.19	7.1	12.06	-1.4
山区	盐池县	105.64	8.0	23.06	4.0		海原县	76.17	7.0	13.76	-7.3

各市、县(区)第一产业增加值

	地区	2019年 绝对值/亿元	2019年 增幅/%	2020年1~3月 绝对值/亿元	2020年1~3月 增幅/%
	全区	279.93	3.2	34.21	-3.9
五市	银川市	64.71	2.0	9.71	-1.1
	石嘴山市	28.69	3.1	2.58	-0.1
	吴忠市	70.21	3.9	9.94	-1.2
	固原市	56.80	3.7	4.94	-13.4
	中卫市	60.18	3.6	7.22	-5.1
川区	兴庆区	8.76	1.9	1.88	1.1
	金凤区	3.72	1.9	0.80	1.1
	西夏区	7.30	1.9	1.57	1.1
	永宁县	16.21	3.0	1.59	-10.8
	贺兰县	17.45	0.6	2.36	0.5
	灵武市	11.27	3.0	1.51	1.9
	大武口区	1.10	3.3	1.71	0.9
	惠农区	6.92	4.1	0.80	1.1

续表

地 区		指 标				地 区		指 标			
		2019年		2020年1~3月				2019年		2020年1~3月	
		绝对值/亿元	增幅/%	绝对值/亿元	增幅/%			绝对值/亿元	增幅/%	绝对值/亿元	增幅/%
川区	平罗县	20.67	2.8	1.57	1.1	山区	同心县	13.82	4.0	1.07	-14.2
	利通区	22.54	3.5	4.55	3.0		原州区	15.85	3.1	1.20	-13.5
	青铜峡市	19.70	4.0	2.54	-2.0		西吉县	17.60	4.2	1.16	-15.1
	沙坡头区	25.96	3.6	5.03	-3.6		隆德县	6.08	4.2	0.98	-6.1
	中宁县	20.38	4.2	1.23	-12.0		泾源县	3.12	3.0	0.44	-20.3
山区	红寺堡区	5.61	4.3	0.37	-21.8		彭阳县	14.15	3.7	1.15	-13.3
	盐池县	8.53	4.1	1.41	3.3		海原县	13.84	2.9	0.96	-3.9

各市、县(区)第二产业增加值

	地区	2019年 绝对值/亿元	2019年 增幅/%	2020年1~3月 绝对值/亿元	2020年1~3月 增幅/%
	全区	1584.72	6.7	328.02	-3.6
五市	银川市	828.82	6.4	163.28	-8.4
五市	石嘴山市	249.01	7.7	60.96	4.7
五市	吴忠市	257.15	8.3	56.57	6.6
五市	固原市	62.63	5.3	14.35	15.0
五市	中卫市	187.11	5.4	32.86	-13.1
川区	兴庆区	74.28	9.5	10.37	-24.0
川区	金凤区	55.09	7.3	9.27	-10.1
川区	西夏区	198.21	5.6	40.80	5.0
川区	永宁县	26.26	-21.3	3.15	-40.7
川区	贺兰县	44.63	14.4	6.49	-28.9
川区	灵武市	430.34	7.5	93.22	-7.9
川区	大武口区	86.45	4.9	21.84	3.1
川区	惠农区	80.11	10.6	21.13	12.5

续表

地区		指标				地区		指标			
		2019年		2020年1~3月				2019年		2020年1~3月	
		绝对值/亿元	增幅/%	绝对值/亿元	增幅/%			绝对值/亿元	增幅/%	绝对值/亿元	增幅/%
川区	平罗县	82.46	8.1	17.98	-1.5	山区	同心县	32.43	17.0	7.07	5.7
	利通区	74.37	3.1	14.83	-0.6		原州区	23.27	2.8	6.76	39.1
	青铜峡市	64.12	9.7	15.50	11.0		西吉县	10.41	12.4	2.09	-0.2
	沙坡头区	78.53	5.8	12.33	-21.3		隆德县	5.54	0.1	1.11	10.0
	中宁县	95.04	5.0	18.16	-6.3		泾源县	3.66	5.3	0.74	17.5
	红寺堡区	31.16	9.6	6.86	8.4		彭阳县	19.75	6.2	3.65	-6.0
山区	盐池县	55.07	8.7	12.31	10.4		海原县	13.54	5.8	2.36	-14.6

各市、县(区)第三产业增加值

地区		2019年 绝对值/亿元	2019年 增幅/%	2020年1~3月 绝对值/亿元	2020年1~3月 增幅/%	地区		2019年 绝对值/亿元	2019年 增幅/%	2020年1~3月 绝对值/亿元	2020年1~3月 增幅/%
全区		1883.83	6.8	445.9	-2.2						
五市	银川市	1003.26	6.5	242.19	-2.5	川区	金凤区	231.57	7.6	49.47	-1.6
	石嘴山市	233.53	6.9	55.03	-1.3		西夏区	112.10	4.1	28.78	-2.7
	吴忠市	252.83	6.9	56.22	-2.3		永宁县	58.41	16.9	13.67	3.1
	固原市	203.24	7.7	48.03	0.3		贺兰县	76.86	8.2	17.68	-4.6
	中卫市	190.35	7.5	44.26	-3.7		灵武市	75.77	0.6	17.70	-5.7
川区	兴庆区	448.54	6.3	114.88	-2.7		大武口区	99.05	7.7	24.09	0.3
							惠农区	69.92	5.6	15.97	-3.0

续表

地区		指标					地区	指标			
		2019年		2020年1~3月				2019年		2020年1~3月	
		绝对值/亿元	增幅/%	绝对值/亿元	增幅/%			绝对值/亿元	增幅/%	绝对值/亿元	增幅/%
川区	平罗县	64.57	7.2	14.97	-1.8		同心县	45.58	7.2	10.45	4.1
	利通区	96.42	6.9	21.01	-5.3		原州区	97.69	7.7	22.27	-2.0
	青铜峡市	42.65	6.0	10.13	-2.5	山区	西吉县	41.53	6.4	10.78	3.1
	沙坡头区	85.63	6.7	20.97	-2.4		隆德县	20.08	8.6	4.48	-0.5
	中宁县	55.94	8.0	12.87	-4.1		泾源县	13.64	7.2	3.24	1.9
	红寺堡区	26.14	7.1	5.29	0.9		彭阳县	30.29	9.6	7.26	3.3
山区	盐池县	42.04	7.8	9.33	-3.6		海原县	48.78	8.7	10.43	-5.7

各市、县(区)规模以上工业增加值增幅

单位:%

地　区		指标 2019年增幅	指标 2020年1~3月增幅	地　区		指标 2019年增幅	指标 2020年1~3月增幅
全　区		7.6	0.6				
五市及宁东	银川市	6.0	-3.6	川区	兴庆区	15.2	-7.9
	*灵武地区	11.1	-0.3		金凤区	8.5	9.6
	石嘴山市	8.2	5.7		西夏区	3.7	5.4
	吴忠市	13.5	7.2		永宁县	-19.7	-21.3
	固原市	18.5	17.6		贺兰县	21.9	-22.0
	中卫市	5.8	-4.9		灵武市	7.8	-5.8
					大武口区	5.4	-1.5

注:*2020年1~3月银川市、灵武市不含宁东数。

续表

地区		指标		地区		指标	
		2019年 增幅	2020年1~3月 增幅			2019年 增幅	2020年1~3月 增幅
川区	惠农区	11.9	23.8	山区	同心县	28.3	1.7
	平罗县	7.3	-2.9		原州区	36.8	45.0
	利通区	11.0	0.3		西吉县	4.0	5.0
	青铜峡市	12.2	6.5		隆德县	14.7	1.11倍
	沙坡头区	5.3	-10.5		泾源县	17.8	1.71倍
	中宁县	8.9	-0.5		彭阳县	7.6	-15.0
	红寺堡区	15.3	10.9		海原县	-12.1	5.8
山区	盐池县	14.2	14.0				

各市、县(区)第三产业增加值增幅

单位:%

地区		指标		地区	指标	
		2019年增幅	2020年1~3月增幅		2019年增幅	2020年1~3月增幅
全区		-10.3	-11.7			
五市及宁东	银川市	-6.2	-20.6	川区 兴庆区	-28.3	-0.1
	*灵武地区	10.00	-30.3	金凤区	2.1	13.8
	石嘴山市	4.4	-14.1	西夏区	25.7	-61.6
	吴忠市	-29.5	-3.4	永宁县	-38.3	-23.4
	固原市	-11.3	-12.9	贺兰县	-15.0	-14.4
	中卫市	4.7	-2.8	灵武市	-1.2	-19.9
				大武口区	-6.2	-39.4

注:*为2020年1~3月银川市、灵武市不合宁东数。

续表

地区		指标		地区		指标	
		2019年 增幅	2020年1~3月 增幅			2019年 增幅	2020年1~3月 增幅
川区	惠农区	16.7	2.7	山区	同心县	-19.1	-7.4
	平罗县	2.2	-9.0		原州区	-28.5	-4.3
	利通区	-35.5	11.1		西吉县	10.5	5.3
	青铜峡市	-14.3	-14.8		隆德县	6.1	-53.9
	沙坡头区	1.8	43.5		泾源县	-2.5	4.1
	中宁县	0.3	-52.4		彭阳县	1.0	3.7
山区	红寺堡区	-14.1	6.1		海原县	22.6	29.3
	盐池县	-44.8	-9.7				

比较数据篇

181

各市、县（区）社会消费品零售总额

	地　区	指　标				地　区	指　标			
		2019年		2020年1~3月			2019年		2020年1~3月	
		绝对值/亿元	增幅/%	绝对值/亿元	增幅/%		绝对值/亿元	增幅/%	绝对值/亿元	增幅/%
全　区		1399.41	5.2	278.84	-16.5	金凤区	176.37	11.5	36.63	-21.5
五市	银川市	830.01	6.3	161.72	-17.6	西夏区	71.01	6.5	15.80	-10.0
	石嘴山市	113.55	4.3	27.10	-16.8	永宁县	31.71	8.0	4.29	-29.6
	吴忠市	191.51	5.0	36.62	-16.4	贺兰县	154.33	8.4	26.98	-26.0
	固原市	127.63	2.4	23.95	-11.9	灵武市	38.84	4.8	7.79	-23.6
	中卫市	136.72	2.6	29.45	-13.6	大武口区	53.84	3.9	14.96	-12.9
川区	兴庆区	357.76	3.0	70.23	-11.5	惠农区	26.08	2.8	4.49	-33.3

续表

地区		指标				地区		指标			
		2019年		2020年1~3月				2019年		2020年1~3月	
		绝对值/亿元	增幅/%	绝对值/亿元	增幅/%			绝对值/亿元	增幅/%	绝对值/亿元	增幅/%
川区	平罗县	33.63	6.1	7.65	-11.6	山区	同心县	28.65	4.3	6.83	-8.4
	利通区	92.42	6.1	16.34	-18.1		原州区	72.40	1.4	14.78	-12.2
	青铜峡市	27.58	5.2	4.84	-19.7		西吉县	20.83	4.4	3.62	-15.2
	沙坡头区	60.09	-2.0	12.18	-14.6		隆德县	11.15	-4.8	2.35	-11.6
	中宁县	45.35	4.7	11.35	-11.9		泾源县	8.17	8.1	1.45	-4.2
	红寺堡区	17.20	-0.4	3.53	-14.4		彭阳县	15.07	7.7	1.75	-8.1
山区	盐池县	25.66	5.6	5.08	-18.7		海原县	31.29	9.2	5.92	-14.6

各市、县（区）地方一般公共预算收入

地区		指标				地区		指标			
		2019年		2020年1~3月				2019年		2020年1~3月	
		绝对值/亿元	增幅/%	绝对值/亿元	增幅/%			绝对值/亿元	增幅/%	绝对值/亿元	增幅/%
全 区		423.55	*7.2	101.2	-16.9	川区	兴庆区	9.71	-15.1	1.62	-28.7
五市及宁东	银川市	154.70	-10.7	24.26	-25.3		金凤区	7.45	5.3	1.45	-25.2
	石嘴山市	22.79	-4.7	5.21	-19.0		西夏区	5.17	-15.3	1.05	-17.3
	吴忠市	35.36	2.3	8.34	-8.8		永宁县	7.17	9.8	1.38	2.8
	固原市	16.24	-5.9	3.77	-23.2		贺兰县	12.09	4.3	3.24	-9.7
	中卫市	22.05	-2.5	6.11	-17.8		灵武市	26.96	-21.1	1.80	-33.3
	宁 东			5.94	-16.4		大武口区	2.37	-13.3	0.58	-23.8

注：*为同口径增速，2020年1~3月银川市、灵武市为不合宁东数。

续表

地区		指标				地区		指标			
		2019年		2020年1~3月				2019年		2020年1~3月	
		绝对值/亿元	增幅/%	绝对值/亿元	增幅/%			绝对值/亿元	增幅/%	绝对值/亿元	增幅/%
川区	惠农区	2.02	3.4	0.43	-17.7	山区	同心县	2.83	8.4	0.80	13.6
	平罗县	8.28	0.5	1.48	-33.5		原州区	1.80	-8.4	0.35	-2.4
	利通区	3.34	8.2	0.84	0.5		西吉县	1.80	6.8	0.46	-8.3
	青铜峡市	7.24	0.1	1.91	2.5		隆德县	1.01	-8.8	0.26	-13.6
	沙坡头区	2.69	-0.8	0.67	-6.1		泾源县	1.14	-27.8	0.29	-26.2
	中宁县	8.73	-4.4	1.96	-28.4		彭阳县	2.87	8.4	0.77	-9.6
	红寺堡区	2.03	-7.5	0.48	3.4		海原县	2.10	-13.4	0.48	-30.6
山区	盐池县	8.76	5.8	1.33	-44.6						

各市、县（区）一般公共预算支出

地区		指标				地区	指标			
		2019年		2020年1~3月			2019年		2020年1~3月	
		绝对值/亿元	增幅/%	绝对值/亿元	增幅/%		绝对值/亿元	增幅/%	绝对值/亿元	增幅/%
全区		1438.40	1.4	423.87	-7.1					
五市及宁东	银川市	346.60	-4.6	63.01	-31.6	川区 兴庆区	27.65	-6.9	3.33	-47.9
	石嘴山市	116.64	16.0	30.27	3.1	金凤区	19.01	4.7	4.53	0.7
	吴忠市	219.02	6.9	60.10	-0.2	西夏区	17.53	-24.2	5.12	1.6
	固原市	236.15	-1.8	68.94	-4.8	永宁县	36.48	17.0	5.40	-38.9
	中卫市	172.88	6.4	49.90	1.6	贺兰县	32.63	3.0	8.77	4.0
	宁东			7.58	-40.0	灵武市	69.06	-4.2	10.17	-4.9
						大武口区	13.29	12.9	3.66	6.0

续表

地区		指标				地区	指标			
		2019年		2020年1~3月			2019年		2020年1~3月	
		绝对值/亿元	增幅/%	绝对值/亿元	增幅/%		绝对值/亿元	增幅/%	绝对值/亿元	增幅/%
川区	惠农区	13.87	13.9	3.52	1.0	山区	同心县	56.39	6.3	15.87	1.2
	平罗县	38.32	6.0	10.54	2.0		原州区	41.76	-0.7	9.61	-23.7
	利通区	20.30	24.1	4.81	1.5		西吉县	59.33	4.1	17.21	1.3
	青铜峡市	32.11	3.1	8.60	-8.3		隆德县	29.77	5.9	7.69	-14.3
	沙坡头区	19.46	56.5	4.79	26.0		泾源县	20.40	-2.6	5.29	4.5
	中宁县	48.13	9.5	13.18	1.1		彭阳县	37.47	0.3	11.47	1.5
山区	红寺堡区	28.25	5.5	7.93	1.6		海原县	58.58	-0.2	17.80	1.1
	盐池县	37.69	2.7	10.66	1.2						

各市、县(区)规模以上工业能源消费量

地区		指标				地区	指标			
		2019年		2020年1~3月			2019年		2020年1~3月	
		绝对值/万吨标准煤	增幅/%	绝对值/万吨标准煤	增幅/%		绝对值/万吨标准煤	增幅/%	绝对值/万吨标准煤	增幅/%
全区		6826.4	8.2	1655.4	-0.2					
五市及宁东	银川市	3744.3	8.6	937.1	1.8	兴庆区	10.9	-13.6	2.6	-8.7
	*灵武地区	3346.0	9.7	846.4	1.4	金凤区	7.3	-19.7	3.7	6.6
	石嘴山市	1366.1	7.2	351.0	-0.3	西夏区	230.3	5.5	50.4	12.8
	吴忠市	630.8	5.4	133.4	-4.3	永宁县（川区）	87.8	-11.3	19.1	-4.4
	固原市	122.7	41.5	38.0	37.6	贺兰县	47.7	27.9	13.1	17.2
	中卫市	963.1	6.5	196.2	-10.9	灵武市	3360.4	9.4	848.3	1.2
						大武口区	102.7	-0.0003	33.3	19.3

注：*为2020年1~3月银川市、灵武市不含宁东数。

比较数据篇

续表

地区		指标				地区		指标			
		2019年		2020年1~3月				2019年		2020年1~3月	
		绝对值/万吨标准煤	增幅/%	绝对值/万吨标准煤	增幅/%			绝对值/万吨标准煤	增幅/%	绝对值/万吨标准煤	增幅/%
川区	惠农区	522.9	8.0	139.8	21.6	山区	同心县	3.3	-36.3	0.5	-27.1
	平罗县	740.5	7.7	177.9	-15.0		原州区	115.7	42.5	35.5	39.8
	利通区	99.6	20.7	25.6	5.3		西吉县	2.5	75.5	0.6	1.1
	青铜峡市	422.6	4.5	89.4	0.5		隆德县	1.5	16.1	0.6	0.7
	沙坡头区	504.5	3.0	105.3	-15.1		泾源县	0.6	-0.3	0.2	-0.1
	中宁县	458.2	10.5	90.8	-5.4		彭阳县	2.5	10.9	1.1	33.3
	红寺堡区	65.2	-2.0	10.9	-30.8		海原县	0.3	4.6	0.1	-0.5
山区	盐池县	40.1	0.6	7.1	-27.4						

注：计算能源消费量及其增速时，电力折标系数均按等价值折算。由于折算系数不同，各地区相加数与全区数不等。

各市、县(区)城镇常住居民人均可支配收入

地区		指标				地区		指标			
		2019年		2020年1~3月				2019年		2020年1~3月	
		绝对值/元	增幅/%	绝对值/元	增幅/%			绝对值/元	增幅/%	绝对值/元	增幅/%
全区		34328	7.6	7997	-5.1	川区	金凤区	41191	7.4	7522	-4.6
五市	银川市	38217	7.4	9015	-4.3		西夏区	31302	7.2	9873	-0.6
	石嘴山市	33016	8.0	7895	-4.6		永宁县	33032	7.5	7497	-7.4
	吴忠市	29616	7.8	7177	-5.5		贺兰县	33660	8.4	7729	-5.4
	固原市	28727	7.6	6804	-5.3		灵武市	35252	7.3	7533	-5.9
	中卫市	29602	8.1	6958	-7.2		大武口区	36961	8.0	8451	-3.3
川区	兴庆区	41218	7.6	10083	-4.1		惠农区	29163	8.2	7191	-5.6

续表

地区		指标				地区		指标			
		2019年		2020年1~3月				2019年		2020年1~3月	
		绝对值/元	增幅/%	绝对值/元	增幅/%			绝对值/元	增幅/%	绝对值/元	增幅/%
川区	平罗县	28684	7.6	7594	-5.6	山区	同心县	25661	7.8	5655	-6.5
	利通区	32291	8.3	8448	-3.0		原州区	30595	7.0	6998	-5.9
	青铜峡市	29716	7.7	7103	-6.4		西吉县	27335	8.4	6709	-5.8
	沙坡头区	31028	8.1	7186	-6.1		隆德县	25020	7.1	6430	-7.1
	中宁县	29462	8.0	7104	-8.2		泾源县	26557	7.2	6923	-1.9
	红寺堡区	24774	7.5	6139	-3.3		彭阳县	27239	8.2	6424	-3.5
山区	盐池县	28464	7.0	6368	-7.0		海原县	26097	8.5	6250	-7.0

各市、县(区)农村常住居民人均可支配收入

<table>
<tr><th rowspan="3">地 区</th><th colspan="4">指 标</th><th rowspan="3">地 区</th><th colspan="4">指 标</th></tr>
<tr><th colspan="2">2019年</th><th colspan="2">2020年1~3月</th><th colspan="2">2019年</th><th colspan="2">2020年1~3月</th></tr>
<tr><th>绝对值/元</th><th>增幅/%</th><th>绝对值/元</th><th>增幅/%</th><th>绝对值/元</th><th>增幅/%</th><th>绝对值/元</th><th>增幅/%</th></tr>
<tr><td>全 区</td><td>12858</td><td>9.8</td><td>2986</td><td>-2.9</td><td colspan="5"></td></tr>
<tr><td>银川市</td><td>15282</td><td>7.9</td><td>4484</td><td>-2.9</td><td>金凤区</td><td>13708</td><td>8.2</td><td>3883</td><td>-6.3</td></tr>
<tr><td>石嘴山市</td><td>15169</td><td>8.3</td><td>4357</td><td>-1.0</td><td>西夏区</td><td>12835</td><td>8.6</td><td>4154</td><td>-2.1</td></tr>
<tr><td>吴忠市</td><td>13337</td><td>10.7</td><td>3483</td><td>-2.8</td><td>永宁县</td><td>14994</td><td>8.1</td><td>4437</td><td>-4.7</td></tr>
<tr><td>固原市</td><td>10657</td><td>11.5</td><td>2146</td><td>2.6</td><td>贺兰县</td><td>15928</td><td>7.8</td><td>4721</td><td>-3.6</td></tr>
<tr><td>中卫市</td><td>11308</td><td>10.5</td><td>3006</td><td>2.1</td><td>灵武市</td><td>16032</td><td>8.0</td><td>4833</td><td>1.7</td></tr>
<tr><td>兴庆区</td><td>17129</td><td>7.7</td><td>3790</td><td>-3.2</td><td>大武口区</td><td>13155</td><td>8.5</td><td>3419</td><td>-4.8</td></tr>
<tr><td colspan="5"></td><td>惠农区</td><td>15185</td><td>9.5</td><td>4368</td><td>-6.2</td></tr>
</table>

续表

	地区	2019年 绝对值/元	2019年 增幅/%	2020年1~3月 绝对值/元	2020年1~3月 增幅/%		地区	2019年 绝对值/元	2019年 增幅/%	2020年1~3月 绝对值/元	2020年1~3月 增幅/%
川区	平罗县	15665	8.1	4527	1.0	山区	同心县	10278	11.9	2371	-2.5
	利通区	16273	9.2	4625	-4.6		原州区	11164	12.2	2408	2.2
	青铜峡市	15491	9.1	4407	0.3		西吉县	10416	11.9	1900	2.9
	沙坡头区	13210	8.3	4173	-2.3		隆德县	10344	11.5	2180	1.9
	中宁县	13239	8.7	3434	-2.3		泾源县	9724	11.3	1877	1.2
	红寺堡区	9825	11.7	2594	-1.9		彭阳县	11000	11.5	2276	1.9
山区	盐池县	12127	13.5	3306	-1.2		海原县	9627	13.1	1862	5.3

参考资料

全国两会统计服务手册.2020[8].

领导决策信息.2020,(11)[5].

领导决策信息.2019,(37)[3].

领导决策信息.2020,(14)[7].

领导决策信息.2019,(12)[1].

领导决策信息.2020,(10)[4].

领导决策信息.2019,(19)[2].

领导决策信息.2020,(13)[6].

全国两会统计服务手册.2020,[12].

后记 Postscirpt

2019年是党的十八大以来困难前所未有的一年。随着中美贸易摩擦的不断加剧，宁夏同全国一样，对外贸易等外向经济出现较大幅度波动，甚至是负增长。2019年是中华人民共和国成立70周年。70年成就，环天下当惊世界殊；70年历程，忆往昔峥嵘岁月稠。70年的波澜壮阔，再次印证了这样两句话：阳光总在风雨后，不经风雨哪能见彩虹。

2020年年初，新冠疫情突袭中华大地。以习近平总书记为核心的党中央，将14亿人民的生命安全放在第一位，为了尽快科学战胜疫情，不得不按下了经济发展的"暂停键"。

有鉴于此，《宁夏区情数据手册（2019~2020）》（以下简称《手册》）以直面问题和困难为己任，不仅没有回避2019年个别数据的大幅回落，而且有意将2020年第一季度全区经济社会发展的各种负增长全部和盘托出。相信有以习近平总书记为核心的党中央坚强领导，眼前的这些困难只不过是全区690多万群众团结奋斗、再创辉煌的动力和彩虹前的风雨罢了。与70年来我们经历过的惊涛骇浪相比，眼前的这点风吹雨打又能算得了什么呢！

除此而外，《手册》继续秉承实事求是、客观公正、全面系统的原则，综合运用文字、统计图表等形式，真实记录了2019年全国及宁夏经济社会发展所取得的成就与差距的同时，2019年的脱贫攻坚和扫黑除恶、2020年的疫情防控等重点和难点信息，也尽可能收录其中，以期从不同的视角，为全区各级党政领导、公务员、教研人员和各界人士分析、研究、掌握和运用全国及宁夏经济社会发展的相关数据提供重要支持。

《手册》共分为综述篇、统计图篇、基本数据篇、专题数据篇和比较数据篇五大部分。纲目的拟定、统计图篇及全书的统稿工作由金涛完成。

综述篇由自治区统计局李广东同志编写;基本数据篇由自治区统计局焦霁与自治区党校同养鹏、唐星敏、李建平、丁端琴同志编写;2020年经济与社会发展主要预期目标由吴向华同志编写;专题数据篇中的"辉煌七十年奋进新时代——新中国成立70周年宁夏经济社会发展成就展示"由王霞同志编写,"2019年宁夏脱贫攻坚报告"由孟德玉同志编写;比较数据篇由聂文静、马睿、焦霁、丁端琴同志编写;自治区党校王学平同志,从编审业务角度审读了全文,提出了一些修改完善意见。

本书在编写过程中,得到自治区发展改革委员会、自治区文化和旅游厅、自治区气象局、自治区林业和草原局等单位和部门的大力支持,对以上单位和有关同志,一并致以诚挚的谢意。

由于知识、水平和采集信息渠道有限,加之新冠疫情影响,时间仓促,难免有疏漏、差误和不妥之处,恳请广大读者批评指正。

编者

2020年7月